# 다시 겪기
# 다시 쓰기

## 목차

| | |
|---|---|
| 다시 읽기 | 4 |
| 여행지에서 | 16 |
| 이토록 사소한 순간들 | 26 |
| 북토크 | 38 |
| 어떤 하루 | 46 |
| 돌과 철학관과 디데이의 의미 | 52 |
| 만화에 대한 단상들 | 58 |
| 소설적 관심 | 64 |
| 언더그라운드의 언더그라운드 | 72 |
| 시골 | 84 |
| 잘 먹기 | 88 |
| 탁구 | 92 |
| 작가로서의 나, 생활인으로서의 나 | 98 |

# 다시 읽기

 벤 러셀의 <보이지 않는 산>(2021)은 르네 도말의 소설 『마운트 아날로그』(이모션북스, 2014)에서 묘사된 허구적 산을 찾아 핀란드에서 그리스까지 여행하는 한 인물을 그린 영화이다. 나는 이 영화를 작년 전주국제영화제에서 관람했다. 형이상학적인 그 소설이 시각적으로 어떻게 구현될지, 그보다 정말 그 산이 나오는지 궁금했다. 영화가 시작되자마자 잠들었는데, 아마도 지금껏 극장에서 영화를 보면서 그렇게까지 깊이 잠든 적은 처음이었다. 좋은 영화는 잠이 온다. 누군가 내게 그런 말을 한 적이 있다. 누구였더라. 그렇다고 해도 감독에게 미안한 마음이 들 정도로 자 버렸다. 극장을 나올 때는 개운한 기분까지 들었다. 영화는 후반부로 갈수록 꿈과 닮은 혹은 꿈에서 볼 법한 장면들이 쏟아졌는데 내가 그것을 기억하는 이유는 가수면 상태에서 실제 꿈과 혼동했기 때문이다. 꿈에 자주 등장하는 어릴 적 시골의 숲과 주인공이 찾아가는 산의 풍경이 포개져 눈을 감거나 떠도 비현실적인 시간을 부유하는 것 같았다. 책을 읽을 땐 작가가 묘사한 산의 비탈진 경사에 매달린 것처럼 위태로운 체험을 할 수 있었다. 그런 건 책에서만 가능한 걸까. 전주에서 돌아와 책을 찾았지만 책장을 뒤져도 보이지 않았다.

 언제부턴가 영화를 '다시' 보는 일이 힘들다. 마음만 먹으면 여러 경로를 통해 다시 보기가 가능하겠지만, 요즘은 극장에서 관람하는 그 순간만이 영화적이라고 생각한다. 잠을 자거나, 웃거나, 눈물을 흘리거나. 그것은 그때 그곳에서만 가능했던 체험이다.

   문학은 다르다. 문학은 언제든지 소환할 수 있다. 나는 요즘 '다시 읽기'에 대해 생각한다.

   지난 2월 『달력 뒤에 쓴 유서』(민음사, 2023)를 출간했다. 유년 시절 아버지가 스스로 세상을 떠난 이야기를 자전소설의 형식으로 썼다. 서명을 할 때면 '다시 겪기, 다시 쓰기'라는 문장을 적었다. 소설을 쓰기 위해 기억을 떠올리는 일이 그 시절을 다시 겪는 것 같았다. 나와 비슷한 경험을 한 몇몇 분들이 북토크에서 자신의 이야기를 꺼내다가 울었다. 그런 순간에 대해선 생각해본 적 없다. 내가 쓴 소설로 서로의 경험이 포개지는 순간을. 나는 위로에 서툴렀다.

   사카모토 준지의 영화 <오키쿠와 세계>(2023)에서 인분(人糞)을 파는 주인공 추지는 한때 연극배우를 꿈꿨다. 그는 동료인 야스케와 함께 곤혹에 빠질 때마다, 이를테면 사무라이에게 인분을 구매하려다 쫓겨나는 등 자신들의 신세가 처량하다고 느낄 때 "야스케, 이럴 땐 웃어야지"라고 말한다. 물론 야스케는 웃지 않는다. 오히려 인상을 찌푸린다. 영화는 신분과 계급에 관계없이 인간은 결국 먹고 싸는 존재라는 사실을 보여주며 19세기 후반 변화를 맞이한 일본 사회의 현실을 풍자한다. 추지가 웃으라고 말할 때마다 나도 그를 따라 웃었다. 나는 처음에 이 영화의 제목을 오키쿠'의' 세계로 알았다. 실제로 영화의 8장은 오키쿠의 세계, 9장은 오키쿠와 세계로 구분된다. '의'와 '와'의 세계. 그 건너옴. 영화를 보고 나서도 한동안 생각했다.

진부책방 스튜디오에서 책방지기로 일하고 있다. 책을 추천해 달라는 요청을 종종 받곤 하는데 그때마다 나는 손님에게 되묻는다. 어떤 책을 좋아하세요? 사실 뜬구름 잡는 질문이다. 그가 어떤 책을 말해도 그의 취향에 완벽하게 들어맞는 책을 추천할 수 없기 때문이다. 하지만 나는 들뜬 마음으로 항상 일곱 권 이상의 책을 추천한다. 이렇게까지 많이 고를 일은 아닌데. 천천히 훑어보세요. 슬프게도 판매까지 이어지는 경우는 드물다. 오히려 다른 책을 사가는 경우도 있다. 책방에는 잘 팔리는 책도, 잘 팔리지 않는 책도 없다. 책을 고르는 기준은 '내가 읽고 싶은 책'이다. 혹은 소개하고 싶은 책. 누군가 이 책을 여기서 보다니, 라고 말해주면 기분이 좋다. 카페 매니저가 생겨서 예전만큼 책방에 자주 출근하지 않지만, 책방에 있을 때면 책장에 꽂힌 책들을 보면서 다른 책들을 생각한다. 책이 책을 불러오기를.

물론 내 책들도 책방에 있다. 가끔, 정말 아주 가끔, 내 책을 사가는 손님들이 있다. 계산할 때 괜히 딴청을 피운다. 속으로는 감사하다고 거의 소리치고 있지만 부담을 느낄까 티를 내진 않는다. 예전과는 다르게 요즘 나는 내가 쓴 소설이 어떻게 읽힐까 생각한다.

읽히지 않아도 된다고 생각했던 적이 있다. 『달력 뒤에 쓴 유서』에는 다음과 같은 문장이 있다. 그녀는 그의 문장을 읽지 않아도 된다. 2부에서 어머니의 시점으로 쓴 문장이다. 책이 출간된 소식을 전하자 어머니는 어떤 내용의 소설인지 전화로 물었다. 그때의 일을 썼다고 하자 쓰기 힘들었겠다고, 안쓰럽다고 어머니는 말했다. 다음날 대전에 있는 본가로 내려갔다. 우리는 책을 식탁에 올려두고 오래 대화했다. 평소라면 꺼내지 않았을 이야기를 나눴다. 어쩌면 이런 순간을 위해 그 소설을 쓴 게 아닐까.

교토에서 새해를 맞이했다. 31일 자정이 지날 때, 가온거리와 가까운 신사에 있었다. 사실 카운트다운을 하기 위해 그곳에 갔던 건 아니었고, 사람들이 흘러가는 방향에 따라 자연스럽게 인파가 모인 곳으로 이동했다. 차량 출입을 통제한 거리에는 골목에서 쏟아진 사람들이 긴 행렬을 이뤘다. 자정이 가까워지자 신사까지 급하게 뛰는 사람들도 있었다. 나는 선 채로 오조니를 먹으며, 저만큼 사람들이 모였으니 신사 위로 폭죽이 터지진 않을까, 혹은 다른 이벤트가 있을까 내심 기대했다.

아무도 카운트다운을 외치지 않았고, 아무런 일도 일어나지 않았다. 모두 가만히 제자리에 서 있다가 자정이 지나자 각자 왔던 곳으로 흩어졌다.

그런 와중에 지나가던 외국인이 샴페인을 터트렸다. 눈을 마주치자 내게 한 잔 건넸다. 그는 두바이 공항에서 근무하는 파일럿이라고 자신을 소개했고, 아내와 딸과 함께 교토로 여행을 왔는데 새해맞이가 궁금해 사람들이 모인 이 거리에 들어섰다고 말했다. 우리는 그 자리에서 샴페인 한 병을 다 마셨다. 악수를 하며 앞날을 축복했다. 우연이지만 같이 있어서 좋다, 저 사람들은 우리를 이상하게 보겠지, 이런 순간만으로도 여기 온 보람이 있다며 말을 주고받았다. 함께 사진을 찍고 메일 주소를 알려줬는데 아직 발송되진 않았다. 필리프(Philippe) 연락 줘요.

하지만 그런 기억은, 기억 속에만 있어도 충분히 좋다. 어떤 기억은 물질 대신 지나간 시간에만 남기는 게 좋다고 느낀다. 자연스럽게 사라지는 기억과 끈질기게 남아 다시 겪어야 하는 기억. 나는 주로 후자를 소설로 썼다.

올해 두 살이 된 조카 민하울은 물을 좋아한다. 지난겨울 함께 폭포를 보러 여행을 간 적이 있는데, 수직으로 떨어지는 물줄기를 홀린 듯이 보더니 그 자리를 떠나려고 하지 않아 애를 먹었다. 하울이의 아빠, 그러니까 나의 쌍둥이 동생이 몇 번 설득했지만 급기야 울음을 터트렸고, 우리는 결국 나란히 바닥에 앉아 폭포를 바라봤다. 민하울은 고개를 젖히고 위를 바라보다가 뒤로 넘어갈 것 같았고, 나는 조용히 등에 손을 댔다. 동생은 하울이가 물을 얼마나 좋아하는지 길게 설명했다. 길을 걷다가 물웅덩이가 보이면 달려가 구경하고, 차창 너머로 강이 나타나면 소리를 지른다고. 조만간 남해 바다에 갈 거라고도 말했다.

 우린 물 안 좋아했는데. 내가 말하자 동생은 수영을 해본 적도 없다고 대답했다. 아버지는 선원 시절 바다를 지겹도록 봤다. 아니, 봤을 것이다. 그 시절에 대해선 이야기를 잘 안 해줬기 때문에. 여름방학이 되면 항상 우리를 계곡으로만 데려갔다. 나는 아버지가 돌아가신 뒤 몇 년이 지나서야 바다를 처음 봤다. 스물한 살이었나. 민하울은 폭포를 가리키며 알아들을 수 없는 혼잣말을 중얼거렸다. 해가 질 때쯤 자리에서 일어났다. 왜 바다에는 안 데려갔지. 운전석에 앉은 동생도 혼잣말을 했다.

  루카스 베르푸스의 에세이 『아버지의 상자』(마라카스, 2023)는 물려줄 것이라곤 빚이 전부인 아버지가 생전에 남긴 상자를 여는 것으로 시작한다. 상자에 담긴 내용물은 그가 얼마나 사회적으로 무능력했는지 보여준다. 채권자들이 보낸 증오가 가득한 편지부터 독촉을 알리는 고지서까지. 작가는 어떤 과업을 해결하려는 것처럼, 그동안 모른 척 유예했던 상자를 열며 아버지와 '다시' 대면한다. 상자는 곧 그가 어떠한 인생을 살아왔는지 보여주는 기록함이자, 작가 자신과 아버지가 가족으로 묶여있다는 사실을 알려주는 물적 증거이다. 거부할 수도, 철회할 수도 없는 인장 같은 자료들. 작가는 법적으로 상속을 포기해 빚을 떠안을 책임이 없지만, 그럼에도 가족이라는 벗어날 수 없는 굴레를 체감하며 가족의 의미에 대해 다시금 질문을 던진다.

  아버지가 내게 남긴 것은 없다. 소설에도 썼지만,

유서조차 이사를 하는 과정에서 사라졌다. 유서에 적힌 내용도 이제는 기억이 나지 않는다. 어쩌면 아버지는 이 소설을 남긴 걸까. 소설은 내가 썼는데. 책 뒤에 적힌 말처럼, 내 삶이 나를 다시 쓴 걸까. 크게 달라진 건 없다. 미약한 변화라도 있을 줄 알았지만, 지금은 그저 민하울이 자신의 할아버지에 대한 이야기를 읽을 수 있을 날을 기다린다.

요즘은 달리기가 지루하지 않다. 몇 십 분 동안 러닝머신을 달리는 일이 불과 얼마 전까만 해도 지루했는데, 풍경이 변하지 않는 대신 몸에 집중할 수 있다는 사실을 깨달았다. 몸 전체를 움직인다는 감각이 생경하다. 음악도 듣지 않는다. 노이즈 캔슬링만 설정하고 달린다. 가끔 음악은 몸을 너무 간섭한다고 느낀다.

작가 생활을 한지 어느덧 팔 년 차가 됐다. 세 권의 책을 출간했고, 얼마 전 새 장편소설을 시작했다. 그간 너무 많은 글을 썼다고 종종 생각한다. 원고와 관련된 일은 아직까지 거절한 적 없다. 밤에 쓰고 낮에 고친다. 예전에는 초저녁에 시간을 정해서 썼는데 이젠 밥벌이를 하는 시간이 길어져 그마저도 쉽지 않다. 청탁서를 받으면 가장 먼저 어떻게 시간을 확보할 것인지 생각한다. 쓰는 시간. 쓸 수 있는 시간. 세 권의 책 모두 책장에 꽂혀 있지 않다. 다시 읽기가 머뭇거려진다. 십 년 차가 되기 전에 다섯 권을 출간하고 싶었다. 어떤 이유에선지 기억은 나지 않는다.

2019년 독일에 두 달 정도 머물렀을 때 소설에 대해 가장 심각하게 고민했다. 베를린은 추상적인 고민을 하기에 너무나 적확한 도시였고, 늦은 밤 트램을 타고 숙소로 가는 길에 휴대폰으로 자주 메모했다. 그곳에서 출발한 소설들은 아직 쓰이지 않았다. 음식이 입에 맞지 않아 매일 한 끼는 이탈리안 레스토랑에서 해결했는데, 뮌헨으로 떠나는 날 직전 테이블 가까이 세워 둔 캐리어를 본 종업원이 처음 말을 걸었다. 너는 무슨 일을 하니. 나는 기차를 타러 갈 거야, 라고 대답하자 그는 어깨를 으쓱한 뒤 손바닥만 한 브레첼을 공짜로 가져다줬다. 베를린에서 일어난 대부분의 일과 그때 떠올린 생각은 이런 방식으로 기억에 남아 있다.

    나의 오랜 친구 양선형 소설가와 나누는 연락의 반절은 생활에 대한 걱정이다. 그는 생활력이 강하고 자신의 삶에 성실하다. 예전에는 함께 문학을 걱정했는데, 사실 이제 와서 생각해보면 뭘 걱정했는지 잘 모르겠고, 서로 걱정만 하다가 십 년에 가까운 시간을 보낸 것 같다. 두 번째 책을 출간했을 때 내 소설을 읽어준 적이 있는데, 그때 나는 그의 입을 빌려 내 소설을 다시 읽을 수 있었다.

    소설에서, 나는 잠시 물러나도 된다. 소설은 나를 붙잡지 않고 나도 소설을 붙잡지 않는다. 막연한 기대감으로 지나친 것들이 많다. 수많은 인사들. 눈빛들. 기억들. 나는 앞으로 미래에 기억될 순간을 미리 간직할 것이다.

    다시 읽힐 순간을.

## 여행지에서

해외에 가면 한 도시에 오래 머무는 편이다. 도시간의 이동을 최대한 줄이고, 어떤 경우에는 숙소가 있는 지역도 벗어나지 않는다. 짧게는 일주일, 길게는 세 달까지. 여행객이 아닌 처음부터 그곳에 '있었던' 사람처럼 지내는 것을 좋아한다. 어쩌면 움직이는 게 귀찮은 것 같기도 하고……. 오스트리아도 마찬가지였다. 처음에는 빈(Wien)이 아닌 다른 도시는 생각하지 않았다. 여행 기간 중 모차르트 음악제가 열리는 잘츠부르크나 동유럽 여행의 거점이라는 프라하, 부다페스트……. 인스타그램으로 사진을 검색할 때마다 일정에 추가할까 생각하다가도 역시 귀찮아서……. 빈 중앙역에 도착하자마자 대중교통 수단을 무제한 이용 가능한 일주일짜리 '빈카르테'(비엔나 카드)를 구입할 때, 몇 년 전 빈에 다녀간 선배의 말이 떠올랐다. 둘 중 하나야. 매일 지루하거나 매일 신기하거나. 당시에는 의미심장한 말처럼 들렸는데 지금 생각해 보니 당연한 얘기였다. 해가 지면 달이 뜬다와 같이 당연한……. 다음 문장 역시 너무 당연한 얘기라 쓰고 싶지 않았지만, 빈이라는 도시를 표현하기에 이만한 말도 없는 것 같다.

아는 만큼 보인다. 반대로 모르는 만큼 보이지 않는다.

뭘 알아야 돼?
동행의 물음에 쉽사리 대답할 수 없었던 이유는, 여름 휴가지로 빈을 정한 분명한 이유가 딱히 없었기 때문이다. 마침 삿포로행 항공권이 터무니

없이 비쌌고, 마침 유럽 직항 중에 가장 저렴했고, 마침 아무 곳이나 빨리 정하고 싶었고……. 여행지를 정하면 계획을 짜는 것만으로도 일상을 견딜 수 있다. 설레는 마음으로 시간을 견디는 일에는 여행이 제격이니까. 하지만 몰라도 너무 모를 정도로 여행 중에 놀란 일이 많았다. 공원을 걷다가 만난 브람스와 모차르트 동상 앞에선 이게 왜 여기 있지 놀랐고, 별다른 조사 없이 찾아간 알베르티나 미술관에는 이름만 들었던 화가들의 그림이 전시실을 가득 채우고 있어 눈이 바빴다. 쇤부른과 벨데베레 궁전의 왕실을 구경할 때에는 합스부르크 왕가의 화려함에 입이 벌어졌다. 가는 곳마다 자국의 문화와 역사에 대한 그들의 자부심을 느낄 수 있었고, 어떤 긍지 같은 것이 전해지기도 했다. 하지만 나는 피곤하다는 생각이 들었다. 자기 자랑만 하는 친구를 보는 느낌……. 빈은 주요 역사·문화 공간들이 링-슈트라세(Ring-Strasse) 주변에 포진되어 있었고, 상점과 식당도 모여 있었으며, 저녁 일곱 시면 문을 닫는 마트들도 그곳에 있었다. 그 근처에 있어야만 일정이 가능했다. 숙소를 가

깎게 잡을 걸 그랬나, 마트에서 미리 장을 볼 걸 그랬나, 다른 곳으로 갈 걸 그랬나……. 그렇게 조금씩 지쳐갈 즈음에 빈을 벗어나 고사우(Gosau)라는 마을로 향했다.

고사우. 예정에 없던 곳이다. 오스트리아의 관광지는 빈 다음으로 할슈타트(Hallstatt)가 유명한데, 고사우는 할슈타트에서 산골짜기로 더 들어가야 나오는 마을이다. 출발일이 얼마 남지 않았을 무렵, 우연히 사진 한 장을 봤고 홀린 듯이 교통편과 숙소를 알아봤다. 예상보다 추가 비용이 많이 들었다. 무리한 일정이었다. 열차에서 배로, 배에서 버스로 반나절 넘게 이동해야 했다. 하지만 만년설로 뒤덮인 산 아래 눈부신 초록 평원, 그림책에서나 볼 법한 집들과 유리처럼 반짝이는 호수가 담긴 사진은 낯선 의욕을 불러일으키기에 충분했다. 여행을 좋아하면 알게 된다. 그런 순간은 많이 없고 귀중하다는 걸.

아침 일찍 빈 중앙역에서 열차를 탔다. 위의 선배는 이런 말도 했다. 유럽은 기차 여행이지. 나는 기대감을 안고 창밖을 바라봤다. 빈이 자랑하는 베토벤과 슈베르트의 음악을 플레이리스트에 넣고 풍경과 빈틈없이 맞아떨어지는 일종의 음악적 황홀경을 기대했다. 하지만 열차가 도시를 빠져나가기도 전에 잠이 들었다……. 전날 이만 보를 걸어서일까……. 기절하듯 잠을 자다가 눈을 뜨니 창밖으로 장엄한 산맥이 펼쳐졌다. 열차는 점점 자연 속으로 미끄러졌다. 할슈타트역에 도착해 페리에 몸을 싣고 호수를 건넜다. 백조와 오리가 부표처럼 떠다녔다. 그곳은 잘 지어진 세트장 같았고, 모두 쇼핑백을 들고 가게와 식당을 오가고 있었다. 구경할 새도 없이, 한 시간에 한 대만 운영하는 버스에 올라탔다. 반대편으로 향하는 버스에 타서 하마터면 높은 산봉우리까지 갈 뻔했다. 기사는 친절하게 정류장이 아닌 곳에 내려주며 곧 다른 버스가 올 거라고 말했다. 비가 내리다가 그치기를 반복했다. 환승하는 장소에서 다시 버스를 기다리는 동안 가까운 호숫가에서 수영하는 가족들을 구경했다. 그들을 내일도 이 자리에서 다시 만나면 좋겠다고 생각했다. 버스에 오르기 전 갑자기 긴장감이 들었다. 생각보다 별로면 어쩌지, 빈에 있을 걸 그랬나, 구불구불한 산길을 지나는 동안 침을 몇 번 삼켰다. 하지만 평지가 나타나는 순간 모든 건 기우에 불과했다는 사실을 깨달았다. 고사우는 사진으로 봤던 것보다 더 비현실적인 곳이었다. 나는 3초에 한 번씩 감탄했다. 미쳤다, 미쳤어.

고사우 호수는 알프스 산맥에서 흘러내린 물로 만들어진 곳이다. 트래킹을 즐기는 사람들이 주로 찾아오는데 그래서인지 등산복 차림의 관광객들이 많았다. 나는 동행과 함께 벤치에 앉아 호수를 구경하다가 해가 저물 시간이라 숙소로 돌아갔다. 저녁 식사를 한 뒤 잠깐 잠에 들었고, 자정 무렵 숙소를 나와 밤하늘을 바라봤다. 별들은 입체적으로 서로를 끌어당겼다. 어릴 때 시골에 살아서 별을 많이 봤지만 그렇게 별이 쏟아지는 밤하늘은 처음이었다. 다음 날 호수에서 수영을 하고 몸을 말린 뒤 할슈타트역으로 돌아갔다. 고사우를 떠나며, 언젠가 이곳에 다시 온다면 그때는 더 오래 머물러야겠다고 다짐했다. 아니, 먼 미래에 이곳에 다시 올 거라는 이상한 예감이 들었다.

한국으로 돌아와 오스트리아는 어땠는지 지인들이 물으면 나의 대답은 매번 같았다. 해외여행 중에 한식당을 간 건 처음이야……. 그만큼 음식이 입맛에 맞지 않았다. 오스트리아 시민들이 사랑하는 황후 시씨(Sissi)는 왕실 요리사를 헝가리 사람으로 교체했다. 왠지 그 마음이 이해될 것 같기도 하고……. 대표 음식인 슈니첼(Schnitzel)과 굴라쉬(Goulash)는 식당마다 맛이 달랐다. 다행히 커피와 맥주는 기가 막히게 맛이 좋았다.

레스토랑에서 동행과 저녁 겸 맥주를 마시다 문득 야경을 보지 않았다는 사실이 떠올랐다. 어떻게 야경을 안 봤지? 7월의 빈은 밤 10시 즈음에야 해가 저물었다. 곧장 필름 페스티벌이 열리는 시청 광장으로 향했다. 군청색으로 물든 하늘을 배경으로 건축물과 골목길이 낮과는 전혀 다른 분위기를 자아냈고, 나는 내가 중세시대를 걷고 있는 줄 알았다. 살이 탈 정도로 뜨거웠던 햇빛도 거짓말처럼 사라져서 걷기 좋았다. 광장에 모인 사람들은 시청 건물 앞에 설치된 스크린을 바라보고 있었다. 영화가 아닌 오페라 공연이 상영되고 있었다. 빈 좌석에 앉자마자 비가 내리기 시작했다. 대부분 자리에서 일어나지 않았다. 우의를 꺼내 일행과 반씩 나눠서 입는 사람들을 봤다.

토요일 아침부터 나슈마르크(Naschmarkt) 시장에서 열리는 빈티지 마켓은 혼돈과 질서가 묘하게 섞여 있다. 전쟁 중에 쓸 법한 총기부터 최근 시즌의 축구 유니폼까지. 흥정과 호객이 오가고 침묵과 고성이 흐른다. 가격을 들을 때마다 고개를 저으며 일단 비싸다고 말했다. 사실 물가를 모르니 뭐가 비싸고 뭐가 싼지도 알 수 없었다. 빈손으로 나오려다 주황색 스탠드 조명을 샀다. 물건을 팔던 상인에게는 단 한 번의 흥정도 통하지 않았는데 그 점이 마음에 들었다. 대신 그는 조명에 대한 설명을 길게 했다. 이거 좋다, 이거 오래 쓴다, 그런 설명들……. 집에 두려다가 최근 와인숍을 개업한 동생에게 선물했다.

빈의 유명한 미술관과 박물관부터 도시 외곽의

관광지까지 여러 곳을 다녔지만, 그중 가장 강렬했던 경험은 빈 필하모닉 공연이었다. 음악을 좋아하지만 클래식은 관심이 없었고, 가끔 피아노 연주곡만 몇 차례 들었을 뿐, 뒤늦게 빠지기에 클래식이라는 장르는 너무 방대하면서 어렵다고 생각했다. 클래식은 다른 장르보다 어떤 공부가 필요한 것처럼 느껴졌다. 하지만 그들의 공연을 보고 생각이 바뀌었다. 빈 사람들에게 베토벤과 모차르트의 음악은 생활 그 자체였다.

공연이 열리는 뮤지크페라인(Muzikverein)에 도착해 미리 예매한 표를 받았다. 관광객들을 위한 오케스트라 공연은 피하고 싶었는데, 다행히 여행 마지막 날 필하모닉의 공연 일정이 있었다. 나중에 찾아보니 두 달에 한 번 정도만 있는 공연이었고 가격도 비쌌다. 예매를 할 때에는 공연 내용도 제대로 읽지 않았다. 건물 밖에서 담배를 태우다 그제야 공연 포스터를 봤다. 라이징 스타. 네 명의 피아니스트. 공연장으로 들어서자 온통 황금빛으로 디자인한 실내가 눈에 띄었다. 직사각형 구조에 2층으로 설계된 공연장은 그리 작지도 크지도 않은 규모였다. 몇 년 전 베를린에서 방문한 필하모닉 공연장과는 사뭇 다른 분위기였다. 베를린은 현대적으로, 빈은 고풍적으로 느껴졌다. 공연 시작을 알리는 안내 방송이 시작됨과 동시에 연주자들이 하나둘 무대를 채웠다. 검은색으로 통일한 그들 각각의 의상이 멋져 보였다. 가장 늦게 입장한 지휘자는 간단한 인사를 마치고, 본 공연 전 환영을 의미하는 밴드의 연주가 시작됐다. 나는 내심 졸지 않을까 걱정했지만 세 시간이 어떻게 지났는지 모를 정도로 연주에 심취했다. 인터미션에도 자리를 뜨지 못했다. 라이징 스타로 소개된 피아니스트들은 아마도 그 공연장에서 첫 무대를 가진 것 같았다. 마지막 연주가 끝나자 관객들은 모두 자리에서 일어나 환호했다. 공연장을 나와 숙소로 돌아가는 트램에서 그들이 연주한 곡명을 검색했다.

여행을 마무리하기에 그보다 더한 경험은 앞으로도 없을 것 같았다.

# 이토록 사소한 순간들

"언제 쉬어?"

요즘 많이 듣는 말이다. 글쎄, 언제 쉴까. 작년부터 대학교 강의 과목이 늘었고, 강의를 하지 않는 날에는 책방에서 일한다. 평일 중 사흘은 대학교에, 이틀은 책방에 있다. 주말에는 원고를 작업하고 밀린 집안일을 하는데, 최근에 선물 받은 화분은 바쁘다는 핑계로 돌보지 못해 꽃이 시들었다.

생일선물이었는데……. 바쁜 기간에는 일주일간 하루도 쉬지 못한다. 갑작스럽게 시간이 남으면 혹시 놓친 일이 있는 건 아닌지 전전긍긍한 채로 시간을 보낸다. 내게 주어진 일과 시간을 통제한다고 믿지만, 언젠가부터 그것들에게 쫓기는 듯한 기분이다.

읽고 쓰는 일은 즐거운 일이며, 그와 관련된 일들도 내가 바라는 삶과 분리해서 생각할 수 없다. 하지만 이제는 안다. 나는 지쳤다. 지쳤다는 사실을 깨닫는 데에도 오랜 시간이 걸렸다. 독서는 더 이상 취미가 아니며 일의 연장처럼 느껴진다. 가끔은 내가 주체적으로 일을 하는 것이 아니라 부여된 역할에 충실하기 위해 나 자신을 속이고 있다는 생각이 든다.

왕복 네 시간이 걸리는 대학교에서 강의를 마치고 지하철을 타면서 생각한다. 생활과 멀어지고 싶다. 생활과 먼 장소에 가고 싶다. 그래서일까. 여행은 내게 유일한 쉼표가 되었다. 가고 싶은 도시를 정하고 계획을 짜는 일이, 바쁜 일상을 견딜 수 있는 유일한 순간이다. 매일 습관처럼 항공권을 검색하고 숙소를 찾는다. 여행이 실현되지 않아도 좋다. 여행을 상상하는 것만으로도 나는 삶의 자기장에서 조금 벗어난다.

얼마 전 도쿄에 다녀왔다. 이번 여행에서 기대하는 것은 한 가지. 우연에 놓일 것. 즉 장악된 상황에서 떠오를 생각들을 버리고 우연한 감각을 받아들일 것. 여행이 좋은 점은 반복되는 일상으로 인해 굳어진 감각을 비워낼 수 있는 순간을 마주할 수 있기 때문이다. 하지만 요즘은 그마저도 쉽지 않다. 우선 스마트폰……. 물론 빠르게 원하는 정보를 검색할 수 있지만, 어떤 날은 스마트폰을 책상 서랍에 두고 여행길에 오르고 싶다는 생각을 한다. 노트북이라도 두고 가자는 마음으로 여행 전날 밤까지 업무를 처리했다. 수강생들의 성적을 입력하고 책방에 입고할 도서를 미리 주문했다. 여행 중에 문자나 전화가 오지 않도록 업무를 재차 확인했다. 입국 심사를 통과하며 '방금 휴대폰을 그대로 두고 왔으면 어땠을까' 하는 불가능한 상상을 하기도 했다.

도쿄는 일본의 다섯 번째 여행지이다. 후쿠오카, 나고야, 오키나와, 교토를 다녀온 후 미루고 미루다 떠밀리듯 도착한 도시였다.(나는 도쿄를 항상 동경이라고 발음했는데 그럴 때면 주위에서 옛날 사람 같다고, 역시 초등학교가 아닌 국민학교에 다니던 사람이 할 법한 말이라고 놀렸다……) 나리타 익스프레스를 타고 시나가와역으로 가는 동안 창밖으로 해가 저물었다. 중국어, 영어, 프랑스어 등 일본어를 제외한 여러 언어가 들렸다. 그들의 들뜬 목소리와는 반대로 나는 잠이 쏟아졌다. 전날 늦은 밤까지 일을 한 탓일까. 비몽사몽한 상태로 숙소에 도착했다.

도쿄에서 가장 놀란 것은 사람이 많다는 점이었다. 시부야의 스크램블 교차로와 아키하바라의 전자거리는 발 디딜 틈이 없을 정도로 북적였고, 우연히 찾아간 식당들은 마치 짠 것처럼 갈 때마다 대기줄이 길었다. 나는 내가 영화 <트루먼쇼>에 들어와 있는 줄 알았다. 가는 곳마다 사람이 많아서 도대체 이 많은 사람이 어디서 왔을까, 넋을 잃고 인파를 바라봤다. 쉬러 갔지만 오히려 더 예민

한 상태가 되었고 하루 빨리 집에 돌아가고 싶다는 생각마저 들었다.

지난 날의 여행들을 떠올리며 문득 의문이 들었다. 반복되는 일상과 익숙한 장소를 잠시 떠난다고 해서 과연 쉰다고 할 수 있을까. 기진맥진한 상태로 호텔에 들어가 기절하듯 잠에 드는 것은 오히려 자신을 혹사시키는 일이 아닌가. 창밖으로 멀리 도쿄타워가 빛났고 그 아래 각기 다른 노선의 전철이 오갔다. 생각이 꼬리에 꼬리를 물었다. 그동안 쉼에 집중한 나머지 여행 자체를 즐기지 못한 것 같았다. 쉼에 대한 강박. 그것은 일과 시간에 쫓기던 것과 마찬가지로 나를 바다 건너로 등떠밀고 있었다.

열아홉 살까지 시골에서 살았다. 읍내로 가는 버스가 하루에 세 대뿐인 곳으로 산중턱에 마을이 자리했다. 생각해보면 그곳은 쉼의 경계가 확실했다. 주로 날씨와 계절의 영향으로 일과 휴식이 분리됐다. 그러니까 굉장히 '자연'적으로 구분이 명확했는데, 예를 들어 해가 저물면 논밭을 떠나 집으로 향했고, 추운 겨울이 시작되면 이듬해를 위해 충분히 몸을 쉬게 했다. 생활을 위한 스위치가 자연의 영향을 받아 끄고 켜졌으며 그러한 속도에 맞춰 삶을 운영했다.

아버지는 일을 하지 않은 날이면 동식물을 돌봤다. 일의 비중과 돌봄의 비중이 비슷할 정도였다. 쉬는 날에도 새벽에 일어나 몸을 움직였다. 창고 구석에 양계장을 직접 만들었고, 두 마리 개가 같은 시기에 새끼를 낳아서 스무 마리에 가까운 강아지들을 동시에 키웠다. 언젠가 내가 친구네 과수원에서 일을 하고 받은 대추나무 묘목을 집에 가져가자 무척 기뻐했다. 친구네 아버지는 가정집에서 열매를 맺기엔 오랜 시간이 걸릴 거라고 했다. 우리 가족은 번갈아가면서 그 묘목을 살폈다. 누가 먼저랄 것도 없이 시간이 남은 사람은 묘목에 물을 주고 잡초를 예방했다. 몇 계절이 지나가는 동안, 휴일에는 둘러앉아 묘목에 대해 이야기했다. 묘목은 삼 년이 채 되지 않은 시기에 열매를 맺었다.

여름이면 천변에 마을 사람들이 모여 앉아 폭염

을 피했고, 겨울이면 새벽부터 눈을 쓸며 안부를 주고받았다. 함께 일하고 함께 쉬는 날들의 연속이었다. 반대로 도시는 언제든 일할 수 있고, 언제든 일해야만 하는 곳 같았다. 도시는 영영 잠들지 않는 불면증에 걸린 것처럼 나의 잠까지 방해했다.

도쿄 도심에서 조금 벗어난 지역에 기치조지라는 동네가 있다. 여행 마지막 날, 최대한 사람이 없을 만한 곳을 골랐고 이른 오전부터 일어나 열차를 탔다. 창밖으로 고층 빌딩이 점점 사라지더니 단층으로 된 주택들이 보이기 시작했다. 급행열차를 타 버리는 바람에 기치초지역에서 내리지 못하고 그 다음 역인 미타카역에 내렸다. 할 수 없이 목적지까지 걷기로 했다. 골목은 한적했고, 자전거를 타는 사람들이 간간이 지나갔다. 강아지를 데리고 산책하는 사람과 공원에서 신문을 읽는 사람을 봤다. 나와 동행을 제외한 여행객은 보이지 않았다. 날카롭게 예민해졌던 기분이 한결 나아지는 것 같았다. 걷는 길에 우연히 헌책방 간판이 보여 문을 열고 들어갔다. 카운터에 사람이 없었는데 책을 구경하는 동안에도 나타나지 않았다. 동행은 동화책 코너에서 여러 권을 골랐고, 나는 문고본 형태로 만들어진 책들을 손에 쥐었다가 내려놨다. 책을 다 고를 즈음 안경을 고쳐쓰며 나타난, 아마도 사장으로 보이는 사람은 천천히 계산기에 금액을 입력했다. 백팩에 책을 나눠 담고 책방을 나섰다.

소품숍과 편집숍이 들어선 나카미치 거리에 가까워지자 이제 막 문을 여는 가게들이 보였다. 서두르는 기색도, 바쁜 기색도 없는 느긋한 광경이 이어졌다. 커다란 느릅나무가 심어진 놀이터에서 한 아이가 소리를 지르며 뛰놀았다. 도넛을 사서 동행과 벤치에 앉아 먹었다. 햇빛을 쬐는 동안 아이는 사라지고 한기 서린 바람에 나무가 흔들렸다. 어쩌면 이런 순간을 위해 여행을 떠나는 것일지도 모른다고 생각했다. 한 시간 아니, 십 분만이라도 좋을 사소한 순간들. 그런 시간이 모여 있는 장소들.

도쿄에는 시계가 멈춘 듯한 오래된 카페들이 많았다. 문을 열고 들어서자, 인파와 소음으로 떠들

썩하던 골목의 분위기가 마치 먼 일처럼 느껴졌다. 점원의 안내를 받아 테이블에 앉으면 따듯한 물수건과 냉수를 갖다준다. 벽면 곳곳에 붙어있는 색바랜 벽지와 포스터를 구경하는 사이 여러 사람들이 오갔다. 누군가는 책을 읽고, 누군가는 반갑게 손 흔들며 의자에 앉고, 서로를 가리키며 시시덕거린다거나, 심각한 표정으로 휴대폰을 바라봤다. 일본 카페 문화를 대표하는 모닝세트를 주문하고 블렌드커피를 천천히 마셨다. 적당한 음량의 재즈 선율과 희뿌연 실내 공기. 도쿄에 다녀온 지금, 그곳은 사소한 장면들로 겹쳐진 아늑한 장소로 기억된다.

"잘 쉬었어?"

한국으로 돌아오는 비행기에서 동행과 서로 질문했다. 잘 쉬기 위해 혹은 잘 비우기 위해, 나는 일상에서 많은 방법을 시도한다. 대부분 실패로 끝나는 시도의 끝에는 다음을 기약할 수밖에 없는 체념에 가까운 희망이 있다. 최선을 다해 일한 것처럼, 최선을 다해 쉴 순 없을까. 미국의 경제학자 제러미 리프킨(Jeremy Rifkin)은 자신의 저서인 『노동의 종말』(민음사, 2005)에서 인간의 '자유 시간'의 증가, 즉 노동 시간이 점점 줄어들면서 전통적인 문화와는 다른 새로운 생활양식이 등장할 것이라고 예견한다. 잉여로 남았던 여가 시간을 레저 혹은 자기계발의 시간으로 확장할 수 시킬 수 있는, 다른 쉼의 가능성에 대해 말한다.

쉴 때 뭐해?라고 물으면 아무것도 안 해, 라고 대부분 답하겠지만, 사실 아무것도 하지 않는 것은 쉬는 게 아니다. 그냥 아무것도 하지 않는 것이다……. 쉴 때 뭔가를 했던 기억들을 떠올려 봤다.

1) 게임하기. 언젠가 집에 틀어박혀 보름에 가까운 시간을 게임만 한 적이 있다. 사람들과 약속을 잡지도, 일도 하지 않은 채 게임에 몰두했다. 플레이스테이션을 TV에 연결하고 일인용소파에서 거의 움직이지 않았다. 생활 패턴은 엉망이 됐지만 왠지 머리가 개운해진 느낌이었다.

2) 드라마 보기. 경미한 수술을 받고 거동이 불편해 한 달 동안 집에 있을 때 밀린 드라마를 봤다.

지인들에게 여러 드라마를 추천받았다. 그때부터 드라마에 빠져서 지금은 여러 OTT에 가입했다.

3) 잠자기. 예전에는 하루에 잠을 몰아서 자곤 했다. 자고 먹고, 다시 자고 먹고……. 그렇게 하루를 보내면, 잠으로 시간을 죽인 것이 허망해도 뭔가가 충전된 느낌이었다.

결국 쉰다는 건, 자명한 사실이지만 일하지 않는 시간을 어떻게 보낼 것인가와 연결된다. 시간이 지날수록 우리에겐 더 많은 여가 시간이 주어질 것이다. 예전에는 남들처럼 일을 하지 않으면 정상 범주에서 벗어난 것처럼 느껴졌는데, 요즘은 제대로 쉬지 못할 때 딱 그런 느낌을 받는다.

최근에 탁구를 시작했다. 체력 관리를 위한 목적도 있지만, 몸으로 무언가를 배운다는 감각이 그리웠다. 원고를 쓰며 스스로에게 몇 가지를 약속했다. 우선 일과 쉼을 구분할 것. 일에 대한 집중력을 높이고 휴식기에는 신경을 차단하기. 다음으로 권태와 허무를 피하기 위해 새로운 활력을 찾을 것. 거창하진 않아도 마음을 움직이게 할 계기를 찾기. 마지막으로, 잉여로 남아도 좋으니 쓸모 없는 시간을 보낼 것. 아무것도 하지 않는 것은 의외로 어렵지만, 죄책감을 갖지 않기. 2024년을 시작하며 갖은 유일한 바람이다.

# 북토크

 기차가 출발하기 전 눈을 감았다. 팔월 중순의 햇빛은 여전히 뜨거웠고, 도착할 때까지 이대로 잠에서 깨지 않았으면 좋겠다고 생각했다. 새벽 다섯 시에 일어나 물을 한 잔 마신 뒤 짐을 꾸렸다. 낭독회까지 열두 시간 가량 남았지만 다시 잠들기가 쉽지 않았다. 옷장을 살폈다. 반바지를 입어도 될까. 너무 덥지만 그래도 행사인데. 반바지를 입고, 지난 달에 구입한 감색 치노 팬츠를 가방에 넣었다. 새로 쓸 장편소설에 대한 이야기를 할 예정이었다. 행사는 열다섯 명이 신청했고, 카페과 책방을 같이 운영하는 곳이었다. 작년에 장편소설 『달력 뒤에 쓴 유서』가 출간되고 가장 먼저 섭외 연락이 왔다. 너무 멀면 고사하셔도 됩니다. 고사할 수 없었다. 이런 자리가 없을 줄 알았다. 여러 군데에서 여러 자리가 마련됐다. 소설에 대해서 너무 많은 말을 한 것 같다고도 생각했다. 소설을 둘러싼 말들. 소설이 되고나서 만들어진 말들.

  기차가 출발함과 동시에 옆 좌석에 할머니가 앉았다. 나는 가방에서 대본을 꺼낸 뒤 대략적인 흐름을 다시 확인했다. 사회자 없이 혼자서 말해야 하는 행사였다. 강연 방식으로 말하기 위해 PPT도 준비했다. 할머니는 내게 종착역이 어디냐고 물었다. 같은 곳에서 내리네. 할머니는 해바라기씨를 한 움큼 건넸다. 나는 대본에 해바라씨를 받았다. 어떤 말을 더 건넬 것 같아 기다렸지만, 할머니는 이내 눈을 감았다. 열차의 움직임에 따라 해바라기씨가 통통 튀어올랐다. 나는 그것들을 하나씩 까먹다가 도착할 때까지 한숨도 못 잤다.

역에 도착하자마자 현기증이 났다. 당일치기는 역시 무리인 것 같다고 생각했다. 밀린 일이 산더미라 겨우 시간을 뺀 것이었다. 얼마 전 잡지에 기고한 산문의 주제는 쉼과 비움이었다. 일하면 한없이 일할 수 있고, 쉬면 한없이 쉴 수 있는 게 작가의 일인데 원고에는 쓰지 않지 않았다. 그래도 글쓰기와 관련 없는 일을 하던 시절보다는 사정이 나은 편이었다. 가평에 있는 고등학교로 방과 후 수업을 다닐 무렵, 한 학생이 자신의 꿈은 작가인데 돈을 얼마나 벌 수 있는지 물은 적이 있다. 정확한 액수를 묻는 건지 혹은 큰 돈을 벌 가능성을 묻는 건지 헷갈려 대답을 망설였다. 나의 망설임이 대답이 됐던 건지 아니면 그냥 해본 말인 건지 학생은 더 이상 물어보지 않았다. 나는 속으로 다행이라고 생각하며 그해 내 통장에 작가일로 벌어들인 수입을 떠올리다가 이내 고개를 세차게 저었다.

편의점에 들어가 진통제를 샀다. 나는 자주 진통제를 먹었는데, 잠이 깨지 않거나 숙취가 심할 때 찾았다. 두 알을 목으로 넘길 즈음 담당자에게서 문자가 왔다.

도착했어요?

며칠 전 통화에서, 역으로 데리러 온다는 걸 한사코 거절했다. 나는 지하철에 타서야 답장을 보냈다. 안내방송에서 새 울음 소리가 흘러나왔다. 지하철에서 내려 출구로 나가기 전 화장실에 들러 바지를 갈아입었다. 그들은 내가 어떤 정형화된 모습이기를 바랄 수도 있다. 착각이다. 아무도 내게 그런 모습을 바란 적은 없다. 바지 밑단이 바닥에 쓸리지 않도록 조심하며 신발을 신었다. 옆 칸에서 헛기침 소리가 들렸다.

비가 내리기 시작한 도로는 어느새 물기로 반짝였다. 우산을 쓰지 않고 걷자 금세 옷이 젖고 한기가 들었다. 이십 분 정도 걸은 뒤 책방에 도착했다. 고급 세단이 주차된 공간을 지나 문을 열었다. 사람이 보이지 않았다. 책방을 둘러보는 사이 커튼 뒤에서 누군가가 계단을 내려오는 소리가 들렸다. 이름을 말하자, 자신은 오늘 행사의 신청자라며 내게 악수를 건넸다. 주름진 손등에 시선이 머물렀다. 그는 잠깐 앉아 보라며 의자를 가져왔다. 나는 그의 반대편에 앉았다.

어디까지가 진짜예요?

몇 달 전 비슷한 질문을 받았을 때에는, 아니 훨씬 이전에도, 짐짓 모르는 척 무엇을 말하는 거냐고 반문했지만, 그런 과정은 이 대화에 도움이 되지 않는다는 걸 깨달은 뒤였다. 읽는 대로예요. 그러자 그는 짧게 신음했다.

우리끼리 미리 얘기를 나눴거든요. 이것부터 물어보자고.

빗줄기가 창문을 세게 두드렸다.

내 말이 맞았네. 가서 말해 줘야지.

그는 휴대폰을 꺼내 어디론가 문자를 보내는 것 같았다. 행사 시작까지 얼마 남지 않아 어떻게 자리를 벗어날지 고민하는 사이, 그는 말했다.

어머님한테 잘하세요.

다시 대답할 말을 고르는 중에 그가 먼저 의자에서 몸을 일으켰다. 언젠가부터 나는 곧바로 대답을 하기 전 여러 가지 대답들을 떠올리는 습관이 생겼다. 그중 가장 적당하거나 알맞은, 합리적이거나 논리적인 대답을 말하고 싶었고, 그렇게 대답을 잘하는 사람이 되고자 했는데, 성미가 급한 상대방이 다수였고, 내게 대답을 고를 만한 시간을 더 달라고 말하느니 차라리 빨리 대답하자고, 혹은 원하는 대답을 해주자고 다짐했지만 제대로 지켜진 적은 없었다. 이건 순발력의 문제도 아니었고, 그저 신중의 신중을 기하다가 그대로 타이밍을 놓친, 한 발 늦게 정류장에 도착해 버스를 보낸 사람처럼 쓸쓸한 표정을 지을 수밖에 없는 나 자신의 문제였다. 고등학생 때 담임선생님은 항상 최선의 대답을 생각하라고 자주 말했는데, 따지고 보면 군대 선임 중 누군가도 그런 말을 했던 것 같았고, 그러다 결국 나 자신에게 그렇게 말하는 지경까지 온 것일지도 모른다. 대답을 잘하기. 새해가 시작할 무렵 휴대폰 메모장에 그렇게 적었다.

  그를 따라 이층으로 향하는 계단을 오르자 문자를 주고받은 사장이 웃는 얼굴로 다가왔다. 그는 여기까지 와 줘서 진심으로 고맙다고 말했다. 방금까지 함께 있던 사람은 보이지 않았다. 그가 안내하는 자리로 가서 대본을 꺼냈다. 행사가 시작되고, 나는 준비했던 말들을 삼키고 다른 말들을 꺼냈다.

어머님한테 잘하세요. 나는 그 말이 자꾸 생각났다. 그는 행사 도중에 문을 열고 다시 들어왔다. 질문을 받는 시간에 내 말을 끊고 그는 또 같은 질문을 했다. 그러니까, 어디까지가 진짜냐고요. 혹시 형사님이신가요, 농담을 던지고 싶었지만 분위기와는 맞지 않는 것 같았다. 웃겼을 텐데……. 취조를 받는 것 같은, 취조를 받아본 적은 없지만, 어쩐지 그런 기분이 들었고, 나는 아무도 모르는 비밀을 말하는 것처럼 그에게 대답했다. 누나가 있는데요. 내가 다른 말은 하지 않자 어색한 정적이 흘렀다. 왜 쓰지 않았는지 물어볼 줄 알았는데 다른 일상에 대한 질문이 이어졌다.

이런 질문이 이해가 가지 않는 건 아니다. 어떤 이야기를 실화로 받아들이는 것과 허구로 받아들이는 것은 천지 차이니까. 다만 소설이라는 형식은 그 자체로 이미 허구로 만들어진 이야기가 아닌가. 일기가 아닌 소설로 쓰여졌다는 사실을 책 내용에 적어 두었는데, 그것으로 대답이 마련됐다고 생각했는데.

행사를 마치고 과자가 든 종이가방을 받았다. 서

둘러 기차를 탔다. 기절하듯이 잠들었다. 늦은 장마의 빗줄기가 심상치 않더니 기차가 두 시간 연착됐다. 오래 잔 탓일까. 낮의 일들이 꿈속에서 벌어진 것만 같았다. 종이가방을 보자 현실감이 들었고 집까진 아직 긴 시간이 남아있었다.

# 어떤 하루

아침 일곱 시에 알람을 듣고 잠에서 깼다. 평소보다 한 시간 일찍 일어났다. 경기도 안산에 있는 대학으로 강의를 가는 날이었다. 얼마 전 대학 입학처에서 홍보 영상에 출연해 달라는 연락을 받았다. 그곳은 나의 모교로, 입시생들에게 해당 영상이 제공된다고 설명했다. 사전 인터뷰 질문지에는 문예창작학과 입학을 희망하는 학생들이 참고할 만한 답변을 준비해달라고 적혀 있었다. 어떤 말을 하면 좋을까.

 예전 기억을 떠올리며 커피를 내렸다. B마트에서 주문한 원두는 맛이 있지도 없지도 않은 애매한 맛이었고, 생각해 보니 대학 입학 전의 내 상태와 비슷한 것 같았다. 당시 나는 뭔가 붕 뜬 상태였다. 글을 쓰겠다는 막연한 다짐으로 서울에 올라와 아르바이트를 하면서 입시를 준비했다. 그러곤 그해에 덜컥 입학했다. 돌이켜보면 매일 쫓기는 기분이었다. 늦은 나이에 입학해 남들보다 출발이 늦었으니 더 많이 쓰고 더 많은 책을 읽어야 한다는 강박에 시달렸다. 그것이 콤플렉스로 자리를 잡아 매일 도서관에 죽치고 앉아 있는 생활을 만들었다. 하릴없이 도서관 구석에 앉아 창밖을 바라보는 것으로 시간을 보냈다. 하지만 이런 얘기를 할 순 없지. 다른 말을 준비해 보자. 생각을 하며 컵을 싱크대에 넣고 집을 나섰다.

 오랜만에 하늘이 맑았다. 본격적으로 여름이 시작되는 것 같았다. 학교까지는 지하철로 두 시간 가까이 걸렸다. 에어팟을 귀에 꽂고 Roxy Music의 앨범을 검색했다. 얼마 전 소설가 이인성 선생

님의 홈페이지에 게재되는 원고를 마감한 뒤 선물로 받은 앨범이었다.(2017년에는 Iron Butterfly의 앨범을 받았다.) 씨디 플레이어가 없어 애플뮤직으로 음악을 재생했다. Love Is the Drug이라는 곡이 좋았다. 뉴진스의 새 앨범도 들었다. 두 앨범을 몇 차례 반복해도 도착까지 시간이 남아 있었다. 책을 꺼내서 읽다가, 조금 졸다가, 이런저런 메모를 하다 보니 어느덧 역에 도착했다. 동시에 홍보팀 직원에게서 문자가 왔다. 촬영 장소는 도서관. 역 앞에서 택시를 탔다.

나는 매사에 긴장을 하지 않는 편인데, 도서관 문을 열자 갑자기 가슴이 뛰었다. 멋진 말을 준비하지 못한 것 같아 덜컥 숨고 싶었다. 차라리 다른 동문이 출연하는 게 좋지 않을까, 지금이라도 출연을 고사한다면……. 갑자기 배가 아파졌다고……. 그러고보니 진짜 아픈 것 같기도 하고……. 고민을 하는 사이 담당 직원이 다가와 자리를 안내했다. 도서관 테라스에 장비가 세팅되는 동안 리허설을 했고 한 시간 정도 촬영했다.

촬영을 마치고 곧장 강의실로 갔다. 강의 주제

는 아즈마 히로키의 『관광객의 철학』(리시올, 2020)을 경유해 세계화에 놓인 개인의 가능성을 재정의해 보는 것이었다. 다크 투어리즘을 예시로, 우연히 관광지에 방문한 관광객이 오염된 정보에서 벗어나 새로운 현실을 창조할 수 있다는 내용이었다. A반에선 말이 조금 엉켰고 B반에선 말이 풀렸다. 똑같은 내용을 강의하는 데 어떻게 다를 수 있는지 매번 새삼스러웠다. 중간에 밥 먹을 시간이 없어 굶주린 배를 부여잡고 학교를 나섰다. 걷다가 눈이 침침해졌다. 요즘은 자주 시야가 흐려져서 눈을 오래 감았다가 뜨는 경우가 많았다. 당이 떨어진 걸까, 밥을 안 먹어서일까, 내년에 마흔 살이라는 사실이 불쑥 떠올랐다. 나이는 마흔 살, 작가 활동은 십 년 차. 시간이 빠른 정도가 아니라 뭔가가 잘못된 것 같다. 분명히 잘못됐다. 불혹이라니. 예전엔 마흔 살이면 무게감 있고 진중한 어른처럼 느껴졌는데 나는 그것과 정반대가 아닌가. 수염을 길러 볼까. 아니다. 수염 자란 나는 내가 봐도 인생에 큰 파도와 사연이 있는 사람 같다. 까슬해진 턱을 만지며 지하철을 탔다.

삼십 분을 내리 잤다. 멍한 상태로 지하철 내부를 둘러봤다. 시간은 저녁 8시를 향하고 있었다. 서울에 살면서 가장 힘든 일은 만원 지하철을 타는 일이다. 문래동에 있는 회사에 출근하던 시절, 인파를 뚫지 못해 문래역에서 내리지 못한 경우가 빈번했다. 이런 일이 반복되자 차라리 꼭두새벽에 일어나 첫차를 타라고 상사는 넌지시 귀띔했다. 실제로 출근 시간보다 한 시간 반이나 일찍 회사에 도착해서 업무를 봤다. 지금은 프리랜서라 그때보단 시간이 자유로워 출퇴근 시간을 피할 수 있지만, 어쩌다 약속 시간을 착각해 만원 지하철을 타면 사람들을 만나기도 전에 체력이 방전됐다. 다행히 대학에 강의를 가는 날들은 출퇴근 시간과 겹치지 않았다.

집에 가기 전에 늦은 저녁을 먹었다. 식당 근처 계단에서 고양이 두 마리가 바닥을 핥고 있었다. 집에 도착해 빨래를 돌리고 샤워를 하고 다시 책상 앞에 앉아 이 글을 쓰고 있다.

# 돌과 철학관과 디데이의 의미

1.

올해 여행을 자주 다녔다. 기회가 생길 때마다 짐을 꾸렸고 습관처럼 공항과 터미널에 갔다. 낯선 곳에 가면 어떤 기분 좋은 활력이 생기지 않을까 하는 기대가 있었다. 어림없었다. 잠에서 깰 때마다 돌아갈 날짜를 확인했으며 새벽마다 막연했다. 나는 뭔가에 지친 상태로 국내외 도시들을 옮

겨 다녔다. 그때의 기억들을 의도적으로 소진했다.

 기억. 기억과의 싸움. 인도 바라나시에서 기차를 타고 도시를 벗어나던 중이었다. 기차는 그곳에서의 시간만큼이나 천천히 움직였고, 바람이나 쐴 겸 칸과 칸 사이에 서서 밖을 바라봤다. 흙바닥에 주저앉은 무리가 내게 손을 흔들었다. 나 역시 손을 흔들었다. 그들은 웃었고, 나는 몸을 안쪽으로 옮겼다. 그때 돌이 날아왔다. 주먹만 한 돌이 날아와 벽에 부딪히곤 내 발 앞에 떨어졌다. 다시 밖을 봤을 때 무리는 보이지 않았다. 만약 몸을 옮기지 않았다면 그대로 돌에 맞았을까, 누가 던졌을까, 왜 던졌을까, 이런 생각들이 여행 일정 내내 떠나질 않았다. 한국으로 돌아와서도 한동안 그 기억에 시달렸다. 돌의 기억. 돌이 된 기억. 그건 장난이었을까, 적의였을까, 혹은 내가 가늠하지 못하는 종류의 표현일까. 돌의 입장이라면 알 수 있을까. 어쩌면 그 돌과 같은 상태를 쓸 수 있지 않을까, 챙겨올 걸, 후회했다.

 너무 의미를 부여하는 게 아니냐고 묻는다면, 맞다. 의미를 만들고 의미를 걷어내고 의미를 모른

척하면서 의미에게 돌팔매를 하는 일의 연속이다. 모두의 의미만큼 속수무책인 것도 없다. 날아가는 돌의 상태로, 목적도 대상도 없이, 시대라는 지면을 내려다보며, 표정을 만들 수 있을까. 이런 생각이 들면 한 줄도 쓸 수가 없다. 시대는 언제나 내게 같은 표정이며 그럴 때마다 나는 울상이다. 시대와 자율의 경계. 그 주름 안에서의 일방적인 주문과 편리한 의미 부여가 내 몸을 좁게 만든다. 자꾸 빗나간다. 지방 도시의 눅눅한 방에서 소설을 쓰는데, 내가 마치 표적지를 착각한 단거리포 같았다. 때이른 발사, 때늦은 점화, 아무도 바라보지 않는 궤적, 일그러진 탄두의 형태, 이런 것들이 떠올라 당장 택시를 타고 다른 도시로 달아나고 싶었다. 물론 이불 안으로 들어가는 일이 고작이었지만.

2.
 어머니의 취미는 철학관에 가는 것이다. 항상 같은 말을 내게 해주는데— 여름에는 물을 조심하고 결혼은 나중에 해야 한다는 등의 말 —이번엔 달랐다. 널 시기하는 사람들이 많다는데. 그 말을 듣고 절에 더 자주 다닌다고 했다.

3.

"지난밤에는 55년도의 디데이에 관해 얘기했다. 난 그때 신병 훈련소에서 나온 지 몇 년 되지도 않은 어린애였다. 드론 격납고에서의 총회, 여름, 하늘에는 구름 한 점 없었고, 죽을 만큼 더웠다. (…) 이제는 모든 것이 자동화됐고, 우리는 구시대의 유물이었고, 오래된 그물처럼 버려졌다. 100년 동안 이어진 경기 침체 속에서 방출된 수많은 사람이 기본 소득에 의지하게 됐다. 자신의 직업을 빼앗은 로봇을 만드는 일을 하게 될 수도 있었다. 아니면 강화복을 다룰 줄 안다면, 아직 육체 노동력을 사용하는 곳을 찾을 수도 있었다. 우리와는 관련이 없는 대서양경제수역이나 중국 같은 곳. 내 제대 파일에는 '자살 위험도 낮음'이라고 적혀 있었다."

- 〈호라이즌 제로 던〉(2017)중, 게릴라 게임즈.

## 4. Post Total (포스트 토탈)

 누군가의 목도리를 대신 두르고, 발레복, 조립이 덜 된 원양어선과 음파, 제비다방에서 형은 취하지 않았다, 용돈으로 달러를, 북한산 입구와 경복궁의 가로수, 명동성당과 전주성당의 차이, 호흡기를 단 잉어 문신, 학, 미아리고개예술극장 무대 뒤는 박음질 같다, 천지람(天之藍)을 마시고 취한 채로 자전거를, Rhythme In Seoul, 크리스나 카페 난간에 진열된 양탄자들, 붉은 성, 석회암 가루로 문지른 코끼리 모형, 칼하트 후드, 크랩의 마지막 테이프, 기억하지 마라, 천치의 특성, 드들강에서 승마를 하는 남자에게는 안장이 없다, 태평백화점, 이야기의 재건이라니, 불통의 방어성, 우주는 뜨거운 불덩이에서 시작되었다, 게이샤 그림 앞에서 목을 젖힌 사람, 숲이 된 운동장, 장화를 신고 하염없이 걸었다 비는 오지 않았지만 연꽃 사이를 헤치며, 레이저 디스크, 이제 아무도 이 영화를 보러 오지 않습니다, 후쿠오카에서 매일 덩치 큰 까마귀를 봤다, www.wakou-fukuoka.jp, 관제탑이 머리에서 떠나질 않는다.

# 만화에 대한 단상들

　작년 연말 도쿄 여행에서 가장 기대했던 것은 아키하바라에 가는 일정이었다. 오타쿠 문화를 중심으로 일본 서브컬처가 태동한 지역, 내게는 꿈과 같은 곳. 가기 전부터 밤잠을 설쳤고 뭐부터 하면 좋을지 고민이 길어졌다. 나는 만화를 너무 좋아한 나머지 만화방에서 심야 알바를 한 적이 있는데, 당시 사장님은 하루에 열 권씩 무조건 읽으라고 말했다. 간혹 만화를 추천해 달라는 손님이 있으니 시간이 날 때마다 읽으라고 말이다. 반 년 정도 일하면서 600권에 가까운 만화책을 읽었다. 때문에 나는 아직도 종이로 된 만화책을 읽는 것을 선호한다.

아키하바라에 가면 가장 먼저 만화책을 사야겠다고 다짐했다. 얼마 전 세상을 떠난 토리야마 아키라의 고향 나고야에서 『드래곤볼』 시리즈의 1권을 샀을 때의 기분은 아직도 잊혀지지 않는다. 2권보다 5배가 비싼 가격이었지만 전혀 아깝지 않았다. 아깝긴커녕 가진 돈을 다 탕진하고 싶었는데 가난한 대학원생이라 한 권만 사는 것에 만족했다. 이제는 돈이 있다, 시간도 있다, 캐리어도 크다. 그런 생각으로 짐을 쌌다.

얼마 전 아키하바라에 다녀온 소설가 K는 만화 『체인소맨』에 등장하는 악마 포치타 인형을 선물로 건넸다. 한국에선 구경할 수도 없는 물건이었다. 아키하바라에 대한 기대감으로 머리가 어지러웠다. 여행을 가기 일주일 전부터는 실실 웃음이 새어나올 지경이었다. 하지만 이러한 전개의 결말이 무엇인지 너무나 익숙할 것이다. 결과적으로 나는 아키하바라에 실망했다. 우선 사람이 너무 많았다. 그냥 많은 정도가 아니라 인도에 가득한 인파가 자칫 잘못하면 도로로 새어나갈 정도였다. 연말이라는 이유도 있겠지만 단위 면적당 사람이 그렇게 많은 건 처음이었다. 함께 간 J는 말수가 줄어들었고 나까지 신경이 곤두서 농담도 나오지 않았다. 건물 한 군데라도 들어가기 위해 인파를 헤집고 나아갔다. 애니메이트에 도착했는데 물건을 구경은커녕 사람들을 피하느라 계단을 헛디딜 뻔했다. 이러다 사고가 날 것 같아 서둘러 역으로 향했다. 아키하바라 허공을 가득 채우는 캐릭터 간판이 위압적으로 느껴졌다. 우리는 역에 도착해 숨을 고르며 지하에 설치된 가챠에 동전을 넣었다. 그 순간만이 유일하게 즐거웠다. J에게 미안한 마음이 들어 여행 일정에 아키하바라를 괜히 넣었다고 하소연했다. 앞으론 만화 좋아한다고 말하지 않을게. 이곳의 기세는 내가 상상했던 것과 달랐어. 나는 오타쿠를 주장하던 패션오타쿠였어. 주먹으로 참회록을 쓰던 복싱선수처럼 J에게 반성에 가까운 말들을 쏟아냈다.

아즈마 히로키는 자신의 저서인 『동물화하는 포스트모던』(문학동네, 2012)에서 오타쿠 문화를 포스터 모더니즘 사회의 특징적인 현상으로 분석한다. 모더니즘은 어떠한 단절을 의미하고, 아키하바라는 그 자체로 '거대한 단절'이었다. 나는 그 단절을 느꼈다. 마치 미래를 잃어버린 것처럼……. 확실히 만화에 대해서 이야기하는 대화 빈도가 줄었다. J는 아직까지도 당시 나의 창백했던 얼굴을 흉내 내며 놀린다. 그렇다고 만화와 담을 쌓은 건 아니다. 요즘은 『괴수 8호』에 빠져 지낸다. 괴수처리반에서 일하던 주인공이 방위대에 들어가기 위해 노력하다가 괴수가 되어버리는 내용이다. 그간 괴수가 등장한 만화와는 다르다. 괴수 이야기를 하자면 끝도 없고 가메라부터 꺼내야 하는데 그건 다음에……. 내 휴대폰 앨범에는 가메라 시리즈를 연출한 카네코 슈스케와 찍은 사진이 있다.

최근 선풍적인 인기를 넘어서 하나의 문화적 현상이 되어버린 만화가 있었다. 바로 『슬램덩크』. 나는 아직까지 극장판 <슬램덩크 더 퍼스트>를 보지 않았다. 슬램덩크에 대한 추억은 만화책으로 봤던 그 시기에서 끝나기를 바랐다. 그러니까 나의 추억이 영화산업의 자본으로 만들어진 현대물로 오염되지 않았으면 하는 바람이었다. 하지만 나이가 비슷한 주변인들은 그런 생각은 시대착오적이며 괜한 일에 기운을 빼지 말고 당장 예매를 하라고 말했다. 하긴, 슬램덩크를 내가 만든 것도 아니고. 나만 아는 것도 아닌데. 하지만 선뜻 예매 버튼을 누르기가 힘들었다. 슬램덩크로 생활이 도배된 소설가 B는 VOD가 나왔다며 연락을 했다.

이번에도 안 볼 건가요.

VOD를 재생하려면 플레이어가 있어야……

좋은 핑계군요. 하지만 OTT에 뜬다면? 그것도 외면하실?

얼마 전 디즈니플러스에서 해당 작품을 독점 스트리밍한다는 기사를 읽었다. 뭔가를 너무 사랑하면 미래가 보이는 걸까……. 어쩌면 영화를 보고 실망하는 것도 원작에 대한 사랑이지 않을까. 마치 <카우보이 비밥>이 실사화 드라마로 나왔을 때 눈을 질끈 감았던 것처럼……. 일본의 실사화는 이제 못말리는 형국에 이르렀다. 이를 분석

한 글을 본 적이 있는데, 일본의 패전 경험과 연관된다는 것이다. 전쟁을 통해 이상적인 세계를 이룩하려던 욕망에서 실패한 뒤 그것이 현재 만화(상상)로 연결되어 자꾸만 현실에 존재하는 그 무엇(실재)으로 대체한다는 내용이었다. 이제 그들은 흥행 성패보다 실사화하는 과정 그 자체를 중시하는 것 같다. 그건 좀 부럽다는 생각이 든다. 시장의 논리보단 자신들의 논리가 전개되는 과정을 중요하게 생각하는 것 말이다.

# 소설적 관심

1.

 다게레오타입은 은판에 요오드를 입혀 감광판을 만들고 상을 전사하는 초창기 사진 기법을 뜻한다. 이 기법을 고안한 프랑스의 루이 자크 망데 다게르는 해당 기술로 자국에서 특허를 받은 뒤 사진으로 "모든 종류의 컬렉션을 만들 수 있을 것이다"라고 말했다. 우에노 도시노조는 다게레오타입을 1840년 후반 일본에서 경험했고, 이를 설명하는 『사진 국가』(현실문화, 2023)의 서문에서 저자 김계원은 19세기 후반 일본 사회가 사진을 절실히 필요로 했던 일은 무엇일까라고 자문한다. 더 나아가 국가라는 '포착 기구'가 사진과의 공조를 시작했을 때의 어떤 구조와 조건에 대해 초점을 맞춘다. 나는 이 맥락에서 소설을 떠올렸고, 현재 소설을 필요로 하는 '포착 기구'란 무엇일지, 그것으로 어떤 종류의 '컬렉션'을 만들 수 있을지 생각했다.

2.

책방에서 일하면 독자를 가장 가까운 거리에서 만날 수 있을 거라고 생각하지만, 글쎄. 이 소설을 좋아할 거야, 이 소설은 누가 가져갈까, 호기롭게 책을 서가에 비치해도 예상이 맞았던 적은 드물다. 대형 서점에서 판매되는 베스트셀러, 수상작품집을 찾는 사람들에게 그 책이 없는 이유를 말하기가 머쓱하다. 그건 거기서 사면 되니까, 라고 말하고 싶은데 사실 변변찮은 이유다. 내가 읽고 싶고, 쓰고 싶은 소설들. 그것이 솔직한 이유다. 얼마 전 책방에서 북토크를 진행하던 초면의 누군가는 요즘 같은 어려운 시기에 책방 운영이 얼마나 힘든지 사정을 알 것 같다며 박수를 유도했다. 대단한 오해다. 어렵지 않고, 힘들지 않다. 책방이라는 공간에서 느끼는 나의 즐거움은 스펙터클과 거리가 멀다.

3.

요즘은 맑은 정신으로 하루를 보내기가 힘들다. 아무래도 뇌에 불순물이 낀 것 같다. 잠을 적게 자거나 오래 자도 도통 나아지질 않는다. 상태가 지속되면 병원에 가볼까 생각하다가, 돌연 어느 날은 마치 다시 태어난 것처럼 정신이 또렷하다. 그럴 땐 여러 생각들이 떠오르는데 대부분 몸에 관한 것들이다. 왼발을 디딤과 동시에 느껴지는 발바닥의 통증, 손톱이 자라는 주기, 스트레칭과 음주, 오른쪽 눈가에 자리잡은 물혹. 왼팔에는 날짜를 상징하는 네 개의 문신이 있다. 맑음, 흐림, 비, 눈. 나는 날씨의 영향을 받지 않는다. 오늘은 보름달이 떴고 고양이들이 떼를 지어 계단을 올랐다.

4.

　최근에 메모한 문장. "나는 왜 자꾸 적의 마음을 이해하는가." 이장욱 시인의 『음악집』(문학과지성사, 2024)에서 읽었다. 문장을 읽고 새로 쓸 희곡의 아이디어가 떠올랐지만 극단과 약속을 지키지 못했다. 이제니 시인의 『새벽과 음악』(시간의흐름 2024)에선 "결국 쓴다는 것은 자신이 익숙하게 알고 있는 단어 속에서 각자 자신만의 고유한 슬픔을 발견하는 것이라는 사실을"이라는 문장에 밑줄을 그었다. 카페에 사람이 많아 책을 읽기 좋았다. 예전에는 사람들로 북적이는 카페를 피했고 책은 꺼내지도 않았다. 거의 매일, 내가 변했다고 느낀다. 변하지 않을 거라고 호언장담하던 시절의 나는 대체 무엇에 기댔던 걸까.

　나는 감정적인 인간이었다. 어떤 감정에 실망하면 다른 감정에 기댔다. 내게 감정이 있는 게 아니라 감정에게 내가 있었으며, 감정에 쫓겨 소중한 시간들을 흘려보냈다. 감정과 무관한 단어들을 갖고 싶었다. 감정이라는 제목의 소설을 쓰고 싶었다. 감정에 휘둘린 인물들이 우여곡절을 겪고 서로를 미워하다가 다시 감정에 빠지는 내용이었다. 하지만 그런 소설들은 이미 많았고, 굳이 나까지 쓸 필요는 없었으며, 읽는 것에 그치자는 생각이 들었다. 감정에 휘둘리지 않는다는 건 욕망을 드러내지 않는 일처럼 느껴졌다. 나의 욕망은 은폐되어야 한다. 나의 마음을 이해시키지 않아야 한다. 그래서인지 취향과 호오를 감추게 된다. 나에 대한 단서는 익숙한 단어로 해석되어야 한다.

5.

구례에 다녀왔다. 구례는 해질녘에 어둠으로 물드는 능선이 아름다웠다. 하늘에서 산으로, 산에서 땅으로 흘러내리는 어둠을 한동안 바라봤다. 화엄사 적멸보궁으로 향하는 108계단을 오르자 사사자 삼층석탑이 자리잡고 있었다. 일행과 줄을 지어 탑돌이를 했다. 뭔가 재밌는 순간이었고, 나만 소원을 빌지 않은 것 같았다. 소원을 이뤄준다는 기왓장에 감기조심이라고 적었다. 꽃이 떨어진 홍매화나무 주변으로 사람들이 모여 아쉬운 표정을 지었다. 한 아이가 울자 누군가가 사찰에서 크게 울면 부처님한테 혼이 날 거라고 말했다. 아이는 전혀 믿지 않는 눈치였다.

6.

　신년 목표는 운전면허학원에 등록하는 일이었다. 아직까지 등록하지 못했다. 전화상담을 할 때만 해도 오키나와 해변도로를 달리는 모습이 상상됐다. 운전면허를 취득하려는 이유는 여름 휴가지를 오키나와로 정했기 때문인데, 지인에게 계획을 얘기하자 사고의 위험성이 크다고 말했다. 덜컥 겁이 났고, 하물며 일이 더 바빠져 시간을 낼 엄두도 내지 못했다. 나는 그간 운전면허의 필요성을 느끼지 않았는데, 그 이유는 서울에서의 생활반경이 한정적이고 지방에 갈 땐 기차나 버스를 타는 시간을 좋아했기 때문이다.

　사실 더 큰 이유는 따로 있다. 나는 자동차가 두렵다. 기계에 대한 나의 불신은 꽤 오래 됐고, 언젠가 그 이유를 찾기 위해 여러 기억을 거슬렀다. 군대에서 전투기를 정비했던 시절부터 시작된 걸까, 도로에서 사고가 난 적이 있었나, 놀이기구를 타다가 기절을 했을까. 어쩌면 기계라는 대상을 두려워한다기보다, 그것을 조종하고 운용하는 일에 두려움을 느끼는 것 같다. 이런 내 입장에선 자기 몸보다 큰 기계를 운전하는 사람들이 포스트휴먼 그 자체이다. 포스트휴먼의 주된 입장은 종들 간의 '가로지르기'인데, 주변의 베스트 드라이버들은 자신과 자동차를 가로지르다 못해 누가 인간이고 누가 자동차인지 헷갈릴 지경이다.

자크 데리다의 저 유명한 일화, 아침 샤워 후 발가벗은 자신 앞에 나타난 비인간 반려동물 고양이의 시선 앞에서 부끄러움을 느낀 것처럼, 나는 기계 앞에서 어떤 감정을 느낀다. 요즘 나의 소설적 관심은 여기를 향한다.

# 언더그라운드의 언더그라운드

소울컴퍼니, 〈더 뱅어즈(The Bangerz)〉

유물은 미래의 시간에 대해 말한다. 몇몇 음들, 즉흥적으로 떠오르는 흐릿한 선율들은 우리 안에 어떤 "과거의 시간"이 현존하는지를 알려준다.[1]

---

1) 파스칼 키냐르, 『음악 혐오』, 프란츠, 2017.

\*

　스무 살 시절을 떠올리면 온통 하얗고 윤슬처럼 일렁이는 기억뿐이다. 이제 막 성인이 된, 몸은 자랐지만 정신적으로는 중요한 무언가를 아무도 찾지 못하는 곳에 두고 온 것 같은 기억. 아버지가 세상을 떠나고, 우리 가족은 낯선 도시에서 새로운 생활을 시작했다. 만화방 야간 근무를 하며 라면을 수백 개 끓였고, 주유소에서는 새벽 공기를 피하기 위해 사무실 한편에 앉아 창문 너머 어둠이 내려앉은 도로를 바라봤다. 미래는커녕, 내일 하루가 어떻게 흘러갈지, 기대하지 않았고, 기다리지 않았다. 아직 발견되지 않은 무언가가 다른 시공간에 있을 거라는 감각. 코믹스 만화에나 나올 법한 상상을 하며, 아르바이트를 마친 뒤 창문으로 쏟아지는 햇빛을 등지며 잠들었다.

\*

　지미 B-래빗이네.

　그게 누구야?

　8마일[2]에서 에미넴이 연기했던 주인공.

---
2) 영화 〈8마일〉, 감독 커티스 핸슨, 2003.

너네 집도 컨테이너였어?

월세였는데.

이 영화의 명대사. '꿈은 높은데 현실은 시궁창이야.' 나는 항상 이 말을, '현실도 시궁창인데 꿈이 더 시궁창이야'라고 바꿔서 생각했다.

\*

대전 은행동에 '신나라레코드'라는 음반 숍이 있었다. 2020년 9월에 문을 닫았는데, 당시 그러니까 2005년에는 항상 사람들로 매장이 붐볐고 주말에는 발 디딜 틈이 없었다. 월급을 받고 돈이 남으면 매장 근처를 어슬렁거렸다. 누구의 앨범이 나왔고, 어떤 곡들로 앨범이 구성됐는지, 이미 몇 달 전부터 이걸 사야지 정했으면서, 심각하게 고민하는 척 쇼윈도에 붙은 앨범 포스터들을 구경했다. 섣불리 사지 못하고 발걸음을 돌릴 때 스치는 생각. 방 벽면마다 천장까지 CD를 쌓으면 어떤 기분일까. 나이키 백팩에 든 소니 CD플레이어가 앞뒤로 덜컹거렸고, 그런 순간에는 꼭 재생이 멈췄다. 카세트테이프처럼, 이러다 CD도 늘어지는 게 아닐까, 생각이 들 정도로 지겹게 들은 몇 장의 앨범들.

소울컴퍼니의 〈더 뱅어즈(The Bangerz)〉도 그중 하나였다.

*

병훈아, 래퍼가 되고 싶어?
그만…….

그 시절 CD를 백 장 넘게 모으고, 매일 힙합 음악을 들었다는 이야기를 하면 대체로 반응이 비슷했다. 하지만 나는 알고 있다. 모두가 열병처럼 힙합 음악에 빠진 시절이 있다는 사실을……. 힙합이 요즘처럼 트렌디하지 않았던 시절, 각자 마음속에 품은 래퍼와 앨범이 있다는 사실을 말이다. 다들 아니라고 고개를 저었지만, 노래방에 가면 손을 머리 위로 올리고 '맥썸노이즈'를 외쳤다.

한국 힙합의 시초는 누구일까요?
서태지와 아이들이죠.
현진영? 드렁큰타이거 아닌가요?
바로 홍서범입니다.

밴드 옥슨 80의 멤버였던 홍서범은 1989년 〈나는 당신께 사랑을 원하지 않았어요〉를 발표하며 솔로로 데뷔한다. 그리고 이 앨범에 '김삿갓'이 수록돼 있다. 그렇다. 우리가 아는 그 김삿갓이다. 그의 이름이 무려 50번이나 반복된다. 이 곡은 한국어로 만들어진 최초의 랩곡이라는 평가를 받는다. 가사에서 랩적인 요소 즉 라임과 플로우를 형성되고 있으며, 실제로 당시 인터뷰를 통해 에어로스미스(Aerosmith)와 런디엠시(Run DMC)의 음악을 듣고 어떤 영감을 받았다고 밝힌다.

*

스무 살에 대한 막연한 기대감이 있었다. 조금은 다른 세계가 펼쳐질 줄 알았다. 그 반대였다. 가족의 죽음은 구체적으로 구성됐던 세계를 전복시켰다. 추상적인 현실감을 갖고 방황했다. 어디를 방황하는지도 모른 채, 늦은 새벽까지 길을 걷고, 며칠이나 집을 비우며, 눈을 감으면 자고 눈을 뜨면 하루를 보냈다. 누군가가 밀지도, 어딘가로 끌려가지도 않은 날들. 나만 이런 걸까, 라는 생각. 아마도 그때 처음, 정확한 경로는 기억나지 않지만, 이 앨범을 들었다. 그리고 이전과는 전혀 다른 경험을 했다. 나는 이 앨범을 통해 음악이라는 장르를 인식했다. 음악에 기댈 수 있는 희미한 자리, 그러니까 음악이, 그들의 가사가, 내 몸에 들어왔다가 어떤 장소로 가득 채워져서, 나를 머물게 하는구나, 라고 생각했다.

소울컴퍼니는 언더그라운드에서 활동했던 힙합 레이블로, 2000년 초기 MC메타의 힙합 강좌에서 모인 사람들로 결성됐다. 〈더 뱅어즈〉 앨범을 통해 본격적인 활동을 시작했고 고정된 뮤지션들을 유지하며 여러 새 멤버를 영입하기도 했다. 그들의 행보가 주목을 받았던 것은 공감대를 형성할 수 있는 가사와 감성적인 곡의 분위기로 10대와 20대의 팬층을 확보했기 때문이다. 이 팬들은 곧 힙합씬으로 유입되는 새로운 세대교체의 전환점이 됐으며 힙합이 대중문화에 자리 잡는 결정적인 계기가 된다.

소울컴퍼니 소속 뮤지션 중 가장 많이 알려진 뮤지션은 아마 ―사람마다 다르겠지만― 더 콰이엇(The Quiett)일 것이다. 그는 소울컴퍼니의 메인 프로듀서로 활동 초기부터 주축 멤버로 활동했다. 2010년 그가 탈퇴 소식을 알렸을 때, 팬들은 아쉬움을 토로하며 힙합플레이야의 게시판에 여러 추측성 토론을 이어갔다. 내 기억으론 꽤나 오랜 시간 게시판을 점령했던 사건이었다. 지금은 〈쇼미더머니〉를 통해 그를 볼 수 있다는 사실이 새삼 기쁘다. 그는 언젠가 어느 인터뷰에서, 다시는 그때의 음악을 하지 못할 거라고 말했다.

그들의 공연장에 직접 가보고 싶었던 적이 있었다. 당시 사정으론 여의치가 않았다. 우선 서울에 가본 적이 없었다. 서울은 큰 결심과 만반의 준비를 해야 갈 수 있는 장소처럼 느껴졌다. 공연 날짜에 맞춰 아르바이트 휴무일을 조정하는 것도, 사장을 설득하는 것도, 생각만으로 피곤했다. 클럽이 있던 중구청과 둔산동을 어슬렁거렸다. 대전에 있던 클럽에서는 그들을 부르지 않았다. 좀 더 유명하고 소위 신나는 음악을 하는 뮤지션들의 이름이 포스터에 붙어 있었다. 클럽 문화 자체가 그랬던 것 같다. 더 이상 래퍼들을 필요로 하지 않았고 밤새 취해 놀 수 있는 자극적이고 화려한 공간으로 변질되고 있었다. 언더그라운드의 언더그라운드. 혹시나 지방 공연이 잡히진 않을까 소식을 기다렸다. 2011년 해체를 알리는 마지막 공연이 열릴 때까지 여전히 CD와 화질 낮은 영상으로 그들의 음악을 접했다.

\*

꽤 오래전 이야기지만, 음반시장이 MP3로 전환되면서, 물성으로의 음악을 향유하던 시절은 더 이상 오지 않을 것 같다. 마케팅의 일환으로 바이닐을 생산하는 경우도 더러 보이지만, 그 시절 진열대에서 포장지를 만지작거리던 느낌을 잊지 못한다. 나는 음악을 '갖고' 싶었다. CD를 사서 집으로 돌아와 구석에 쌓아두면 그날은 새벽 출근도 버겁지 않았다. 그 일련의 과정들, 퇴근길 꽉 막힌 도로와 레코드숍의 부산스러움, 침대에 누워 CD 플레이어의 재생 버튼을 누르는 순간까지.

그거 그냥 옛날 사람 아니야?
맞아, 세상이 이렇게 발전했는데.
잘 들어. 힙합은 디지털이야. 최첨단이라고.

가사에서 '플렉스(Flex)'를 하거나, 누군가를 향해 화를 내면 — 가끔은 그 대상이 정말 있긴 한 건지 궁금하다. 헤이터(Hater)인지, 음악평론가인지, 아니면 자기 자신인지……. 듣기가 힘들다. 남의 돈 자랑이 처음엔 재밌지만 계속 들으면 신자유주의 시대와 결탁한 계몽가 같고, 분노 표출의 가사 역시 이러다 나까지 화를 내야 할 것 같다. 외힙(외국힙합)을 잘 듣지 않는 이유도 여기에 있다. 욕설을 제외하면 무슨 소리인지 알 수가 없다. 그만큼 내게는, 힙합에서 가사가 중요하다. 가사로 만들어진 라임과 플로우는 곡이 끝날 때까지 일련의 과정을 거쳐 하나의 감정이 된다. 그리고 그 감정을 갖게 된다. 반복해서 듣는 이유는 그렇게 만들어진 감정을 음악으로 느끼기 위해서다.

물론 힙합에만 가능한 말이다. 나는 팝과 컨트리 음악, EDM도 좋아한다. 아니, 힙합을 제외하고 거의 모든 장르의 음악을 '편하게' 듣는다. 몇 년 전까지만 해도, 힙합씬의 새로운 앨범은 전부 찾아서 듣고 곧바로 플레이리스트에 추가했다. 하지만 어느 순간부터는 더 이상 예전만큼 열정적으로 듣지 않게 됐다. 나는 나도 모르는 사이에 그 시절에 들었던 비슷한 곡들을, 비슷한 감정들을 기대하고 있었는지도 모른다. 그런 일은 가능하지 않다. 친구의 말처럼, 세상이 이렇게 발전했는데. 나도 변했는데.

\*

〈더 뱅어즈〉의 18번 트랙 '아에이오우 어?!'는 모음을 이용한 가사로 라이밍된 단체곡이다. 6개의 벌스(Verse)를 6명의 뮤지션이 맡아 각각 'ㅏ', 'ㅔ

(ㅐ)', 'ㅣ', 'ㅗ', 'ㅜ(ㅡ)', 'ㅓ' 계열의 모음 위주로 가사를 구성했다. 나는 이것이 문학적 음률과 크게 다르지 않다고 생각한다.

\*

다시는 돌아가고 싶지 않은 시절이 있다. 편집된 것처럼 통째로 사라진 시절. 그때 들었던 음악은 위로나 응원이 아닌, 그렇게 그 시절을 지나가도 된다는 수신호 같았다. 너 혼자만 그런 게 아니라는 일종의 대답 같은.

만화방에서 아침 청소를 할 때 카운터에 놓아둔 CD를 보고 누군가 말을 걸었다.

이거 좋죠.

내 또래처럼 보이는 사람이 요금을 내며 말했다. 우리는 더 이상 별다른 대화는 나누지 않았다. 나는 졸린 눈으로 책장을 정리했고, 그는 기지개를 켜며 만화방을 나섰다. CD플레이어가 고장 난 친구를 따라 전자상가에 갔다가 신제품을 보고 함께 그 자리에 오랜 시간 서 있었다. 가까운 누군가가 세상을 떠난 친구를 만나러 다른 친구들과 버스터미널에 모였다. 입대를 앞둔 친구와는 밤새 얘기했다. 멀리서 대학 입시를 다시 준비하던 친구가 원하던 대학에 붙었다는 소식을 들은 날에는 하루 종일 기분이 설렜다. 장마철 서해 바다에서 비를 맞으며 함께 수영했다. 나중에 함께 추억하자고 다짐하면서, 그렇게 가까워지거나 멀어진 사람들.

  이제는 각자의 장소에서 각자의 음악을 들을 것이다.

언더그라운드의 언더그라운드에서.

# 시골

모든 작가는 결국 자신의 고향에 대한 글을 쓴다고 했던가. 내가 꾸는 꿈의 대부분은 고향에 대한 것들이다. 어릴 적 살던 집, 함께 놀던 친구들, 학교와 산, 절과 하천 등. 조금씩 변주된 방식으로 꿈에 등장한다. 그곳을 그리워하는 것도 아니며, 다시 가서 살고 싶은 것도 아닌데 왜 자꾸 꿈에 나오는 걸까. 평소에는 거의 떠올리지 않는다. 그곳에서 보낸 시간도 더 이상 현재에 영향을 주지 않는다. 질 들뢰즈의 말에 따르면 현재는 존재하는 것이 아니라 작용하는 것이며, 과거 또한 '있었다'가 아니라 '있다'로 말해야 한다. 그렇다면 고향이라는 과거가 끊임없이 내 꿈에 '있는' 이유는 무엇일까. 나는 한동안 이 생각에 사로잡혀 여러 날을 궁리했다.

언제부턴가 고향은 물리적 공간이 아닌 추상적 시간으로 상기된다. 대학 강의에서 고향이 있냐는 질문을 던지면 대다수가 없다고 말한다. 대신 각자 어떤 시간에 대해 떠올린다. 하교 후 문방구 앞에서 친구를 만났던 일, 놀이터에서 비를 피했던 일, 체육대회 때 솜사탕을 먹던 일. 나는 앞서 말한 것처럼 비교적 명확한 고향을 갖고 있다. 작년에 출간한 장편소설의 주요한 배경이 되었던 곳이다. 하루에 읍내로 나가는 버스가 세 대뿐인, 산중턱에 자리한 시골 마을.

지금 생각해 보면 불편한 게 한두 가지가 아니다. 가로등이 적어 밤이 되면 밖에 나갈 수 없었고, 에어컨도 없이 여름을 보냈다. 온갖 민간요법으로 자잘한 통증을 참았으며, 이름도 모르는 벌레에

물려 여러 날을 고생했다. 부모님이 슈퍼에서 과자를 사오면 다른 형제자매보다 많이 먹기 위해 씹지도 않고 삼켰다. 도시에 사는 이모가 햄버거를 사와 중학생 때 처음 먹어봤다. 유치원에서 중학교까지, 스무 명 정도의 동급생이 같은 반 그대로 진학했고 이 말인즉슨 작년에 사이가 좋지 않았던 친구를 학년이 올라가도 또 교실에서 봐야 한다는 것을 뜻한다. 모두가 사이좋게 지낼 수밖에 없었다. 이웃집의 문제는 우리집의 문제였으며 마을 공동의 문제이기도 했다. 예를 들어 이웃집에 키우던 닭이 사라지면 애 어른 할 거 없이 모두 손전등을 들고 나서서 찾았다. 이런 유대는 시골에서나 가능했고 누구 하나 불평없이 자연스러운 일이었다.

  도시에서 느끼는 불편함의 대부분은 정신적인 것이다. 스트레스, 불안감, 피로, 압박감 등. 그런 것들이 유독 심한 날에는, 꿈에 시골이 등장하는 것 같다.

# 잘 먹기

　나는 직접 요리한 음식을 먹는 것보다 요리를 준비하는 과정을 좋아한다. 메뉴를 정하고, 재료를 고르기 위해 마트에 가고, 주방에서 재료를 손질하고 조리하는 과정. 물론 내가 만든 음식을 맛있게 먹으면 더할나위 없이 좋다. 식탁을 치우고 설거지하는 일도 좋아한다. 시간이 허락된다면 매일 한 끼 정도는 요리를 하고 싶다. 요리를 할 때는 딴 생각이 들지 않는다. 혹시 내게 셰프의 재능

이……. 혹은 자영업자의 자질이……. 하고 생각한 적도 있지만 그러기엔 메뉴가 적다. 수육, 카레, 된장파스타, 김치찜, 김치볶음밥 등등. 정확한 계량보다는 순전히 감으로 맛을 만든다.

나는 요즘 '먹는 생활'에 대해 생각한다. 우선 스트레스를 풀기 위해 먹는 일. 얼마 전 책방에서 퇴근이 늦어졌다. 밤 열 시가 넘어서야 책방을 나설 수 있었는데 머릿속엔 온통 음식 생각뿐이었다. 평소에는 야식을 먹지 않지만, 일종의 보상 심리처럼 배달 어플로 음식을 주문했다. 떡볶이와 치킨. 음식 자체를 즐긴다기보다 자극적인 맛으로 스트레스가 날아가길 바랐다. 늦은 밤 허겁지겁 먹은 탓에 곧바로 체했고 이틀간 고생했다. 세상에서 이렇게 미련한 일이 또 있을까.

맛집으로 유명한 식당에 방문하는 일도 있다. 특히나 지방에 가면 한 끼 정도는 꼭 그곳에서만 먹을 수 있는 음식을 찾는다. 나는 대부분의 음식을 가리지 않고 입맛이 까다롭지 않다. 식탁에 있는 음식은 뭐든 잘 먹는다. 작년 무주에서 어죽을 처음 먹어봤고, 구례에서는 다슬기가 들어간 국을 먹었다. 하지만 언젠가부터 이런 일이 나의 강박처럼 느껴져 피곤하기도 했다. 꼭 지역 맛집을 찾아야 하나, 맥도날드에서 먹어도 되지 않나, 그냥 안 먹으면 안 되나, 백종원 선생님도 아니고······. 타지역에 갔으니 그 지역 음식을 먹어야지. 이런 마음이 어디서 기인한 건지 도통 모를 일이었다.

먹방을 보며 밥을 먹는 일도 잦아졌다. 생각해보면 이상한 일이다. 왜 남이 밥 먹는 과정을 보며 나도 같이 밥을 먹는지. 혼밥이 외로워서? 눈이 심심해서? 대리만족? 주변에 나와 비슷하게 먹방을 보는 사람들에게 물어보면 대체로 이유는 비슷하다. 아니, 이유가 없다. 이유를 모르는 채로 재생 버튼을 누른다. 아마도 코로나 시기에 먹방 관련 콘텐츠가 쏟아지지 않았을까. 먹방은 유튜브의 대유행과 맞물려 밖에서 식사를 하지 못하는 사람들의 밥 친구가 되었다. 배달 음식 문화의 확산도 한몫했다.

사람들이 먹는 생활에 관심을 갖는 건 반대로 제대로 먹지 못해서가 아닐까. ASMR도 마찬가지. 먹고 자는 일이 우리 생활에서 너무 중요하지만 그것이 제대로 보장받지 못한다는 사실을 느낄 때마다 씁쓸하다. 어머니는 통화를 할 때마다 밥을 잘 챙겨 먹으라고 말하는데, 예전에는 그 말이 너무 귀찮고 사소하다고 생각했다. 하지만 이제는 내가 먼저 물어본다.

탁구

 작년부터 탁구를 배우고 있다. 선수 출신 코치에게 레슨을 받으며 일주일에 이틀 탁구장에 간다. 나는 그간 여러 운동들을 배웠다. 수영, 복싱, 축구, 족구, 마라톤, 헬스. 운동신경이 있다고 자부하는 편이다. 대학생 시절 족구 주장으로 체육대회에서 우승을 두 번 했다. 당시 문창과 창립 이래 우승은 처음이라며 총동문회에서 격려금도 받았다. 뭘 격려하면 될지 몰라 시상식 후 고깃집에서

서로를 격려하며 받은 돈을 다 썼다.

아무튼, 지금껏 경험한 운동 중 탁구가 가장 어렵다. 처음에는 도대체 이게 왜 어려울까, 마음대로 되지 않을까 분통이 터졌다. 공도 작고 테이블테니스라는 이름처럼 코트도 작은데. 그저 공을 넘기고 공을 받으면 되는 게 아닐까 싶었다. 하지만 기술명을 다 외우기도 힘들 만큼 기술이 중요한 스포츠였다. 탁구는 운에 승패가 좌우되는 스포츠가 아니다. 모든 상황과 변수를 장악해야 한다.

그러니까, 머리를 써야 한다. 탁구대 앞에만 서면 회로가 정지된 기계처럼 머리가 돌아가지 않았다. 탁구장에는 중장년의 회원님들이 많은데 초반에는 당최 이길 수가 없었다. 집에 가는 길에 게임을 복기해도 패배의 원인을 도무지 파악할 수 없었다. 나는 억울한 마음이 들어 세탁기에 운동복을 넣으며 씩씩대기도 했다.

중국 상하이에서 지낼 때 우연히 탁구를 친 적이 있다. 숙소로 머무는 아파트 1층을 지나가다가 문이 열린 공간에 탁구대가 있는 걸 발견했다. 친구는 소화를 시킬 겸 가보자고 말했다. 소화는커

녁 저녁으로 먹은 음식이 다시 올라올 정도로 서로를 이기기 위해 안간힘을 썼다. 한바탕 운동을 마치고 쉬는데 백발의 할아버지가 문을 열고 들어와 말을 걸었다. 뭐라셔? 한판 하자고. 친구는 할아버지의 말을 통역했다. 그러곤 기백이 찬 눈빛으로 자리에서 일어나 탁구채를 다시 쥐었다. 나는 친구의 그런 눈빛을 처음 봤고, 마치 아시안게임 중국전을 앞둔 선수처럼 비장해서 침이 꼴깍 넘어갔다. 할아버지는 외투를 벗고 몸을 풀었다. 하얀 러닝셔츠가 헐렁할 정도로 체구가 작은 할아버지는 한 세트도 내주지 않고 친구에게 압승했다. 분위기는 다음이 내 차례라는 걸 알려주고 있었다. 솔직히 집에 가고 싶었는데, 허망한 표정으로 벽에 머리를 기댄 채 숨을 고르는 친구를 두고 갈 수 없었다. 친구는 내게 다가와 속삭였다. 왼쪽을 비우지 마. 왼손잡이인 내게 왼쪽을 비우지 말라니……. 너무 쉽게 져서 정신이 혼미해진 걸까. 나는 친구보다 더 이른 시간에 패배했고 할아버지는 땀 한 방울 흘리지 않았다. 그는 뽀송뽀송한 수건을 들고 탁구장을 나섰다. 그 뒤로 우리는 저녁마다 약속한 것처럼 탁구장에서 만났다. 탁구가 중국의 국민스포츠라는 건 그때 알았다.

레슨을 등록한지 6개월이 지난 지금, 여러 기술을 배웠지만 아직도 어려운 게 탁구다. 이제는 어떻게든 상대방을 이기려는 마음을 비웠다. 공을 주고받는 랠리만 해도 즐겁게 탁구장을 나설 수 있다. 어떤 종목이든 기본기가 중요한데, 랠리로 자세를 잡으면 나도 모르는 새에 게임에 적용이 된다. 탁구연습기계도 훌륭한 파트너다. 함께 탁구를 치는 소설가 J는 그 과정을 수련이라고 말했다.

언젠가 J와 함께 우리 탁구장에서 실력이 월등한 회원과 게임을 한 적이 있다. 그는 게임에서 이길 수 있는 여러 팁을 알려줬는데, 그중 하나는 공을 자세히 바라보면 공의 회전이 보인다는 것이었다. 그는 독수리인가. 대체 어떤 동체 시력을 가졌길래 빠르게 넘어오는 공에서 회전의 형태가 보인단 말인가. 미심쩍었지만 티를 낼 순 없었다. 믿어야 했다. 11점 게임에서 9점을 받고 시작해도 이길 수 없었으니까…….

다른 구기 종목처럼 탁구도 '공의 회전'을 이해

하는 것 굉장히 중요하다. 그러니까 탁구공이 공기와 접촉한 뒤 발생하는 양력 및 중력을 이해해야 한다. 이는 비행기의 날개에게 적용되는 역학과 비슷하다. 일명 매그너스 효과. 분명 어디서 들어봤는데……. 나는 첫 대학에서 항공우주공학을 공부했고 항공기기체정비기능사 자격증이 있다. 아마도 그때 들었던 것 같다. 물론 탁구 실력에는 전혀 도움이 되지 않았다. 그의 조언에 따라 공을 자세히 보려다가 몇 번이나 얼굴에 맞을 뻔했다. J의 눈알도 충혈되고 있었다. 탁구장에 있는 모두가 이 매커니즘을 이해하고 있다니. 갑자기 모두 다르게 보였다.

그때부터 무작정 이기려는 승부욕을 버리고 공을 이해하기 위해 노력하는 중이다. 아무래도 사람보다는 공을 이해하기 쉽겠지……. 바닥에 떨어진 공을 줍는 시간이 더 많지만, J와 함께 생활체육대회에 나가는 것을 목표로 오늘도 탁구장으로 향한다.

# 작가로서의 나, 생활인으로서의 나

프랑스의 사상가이자 소설가인 장 자크 루소는 두 가지 정체성 때문에 혼란을 겪는다. 사상가 루소는 "일반 의지는 항상 옳다", 즉 공동체의 의지가 개인의 의지보다 앞서야 한다고 주장하고, 반대로 작가로서의 루소는 사적이고 고독한 개인을 중시하며 공동체의 강압을 부정한 철저한 개인주의자였다. 이러한 분열을 '장 자크 루소 문제'라고 부른다.

작가 활동을 하면서 자주 듣는 말 중에 하나는, 책을 읽었을 때의 이미지와 많이 다르다는 말이었다. 어떤 독자 분은 몇 차례나 거듭 물어봤다. 마치 눈앞의 나를 믿고 싶지 않은 것처럼……. 다른 민병훈을 찾는 것처럼……. 집으로 돌아가는 버스에서 생각했다. 어떻게 하면 작가처럼 보일까, 옷 스타일을 바꿔야 할까. 책에 서명을 할 때에도 비슷한 생각이 들었다. 작가 같은 필체로 쓰고 싶은데, 워낙 악필이라 미안한 마음이 들기도 했다. 작가의 이미지에 부합한 주변 작가들을 떠올렸다. 딱히 없었다. 어쩌면 내가 떠올린 작가의 모습은 근대 시절 지식인의 모습일 수도 있다. 허공을 응시하는 갈 길 잃은 눈빛과 챙이 넓은 중절모, 허름한 외투, 굽은 등. 실소가 터졌다. 나마저도 어떤 전형적인 이미지를 떠올리는 것 같았기 때문에.

나는 작가로서의 나와 생활인으로서의 나를 최대한 분리하려고 한다. 언젠가 이에 대한 질문을 받기도 했는데 뚜렷한 이유는 없다. 사실 이 둘은 내 삶에서 뗄 수 없는 관계지만, 이 분열이 익숙한데, 그냥 뭐랄까…… 소위 작가적인 태도가 부자연스럽다고 느낀 경우가 종종 있었던 것 같다. 작가적 자세는 자신이 쓴 글에서만 드러나면 된다고 생각하며, 그 외의 것들은 부차적이고 가공된 무엇처럼 느껴진다. 작가라고 소개하는 자리에서도 멋쩍다. 책방에 있으면 종종 먼저 알아보고 말을 건네주는 경우도 있다. 그럴 땐 괜시리 삐걱거린다. 볼펜을 떨어뜨리기도 하고, 계산을 잘못하기도 하고. 맞습니다, 제가 바로 그 사람입니다. 이렇게 말할 수 있는 날이 올까?

나는 유머를 굉장히 좋아하고 삶에 있어서 너무나 중요한 것이라고 생각하는데, 내 소설에는 유머가 없다. 언젠가 소설가 S는 내게 평소 생활인처럼 소설을 써 보라고 말했다. 너는 사람을 좋아하잖아, 근데 소설을 읽으면 그런 게 전혀 없어. 나는 즉시 새로 쓸 소설의 아이디어가 떠올랐고 작업에 착수했지만, 결과는 실패. 생각처럼 쉬운 일이 아니었다.

생활인으로서의 나는 당연히 생활을 중시한다. 수입과 관련해 들어오는 일은 거절하는 경우가 없다. 나는 생활을 잘 보존하려는 경향이 강하고 이는 글쓰기와도 연관된다. 생활이 엉망이면 글이 써지지 않는다. 작가는 돈에 얽매이지 않고, 자유분방하며, 제약에 휘둘리지 않는다고 하지만 내게는 먼 얘기다. 나는 글쓰기와 연관이 없는 일을 하는 것에 거리낌이 없으며, 타인과의 관계에서 예의가 우선이고, 어떤 제약들에선 안정감을 느낀다. 생활이 있고, 문학이 있다. 반대로 문학이 있고, 생활이 있다. 이 둘의 관계를 사이좋게 만드는 것이 내게 우선이다.

물론 말처럼 쉬운 일이 아니다. 어떤 날은 생활을 내팽개치고 어디 박혀서 일생의 역작을 쓰고 싶다. 그렇다고 대단한 소설이 나올 것 같진 않지만……. 마감일에 시달릴 때면 반대로 먹고사는 생활에만 집중한 나를 상상하기도 한다. 큰 돈을 벌진 않겠지만……. 이제는 이 이중적인 분열감에 익숙해졌다. 그 중간에서 균형을 잡는 일에 집중하는 것이 바로 나라는 사람이라는 생각이 든다.

# 다시 겪기
# 다시 쓰기

**글**
민병훈

**교정**
북스스

**발행일**
초판 1쇄 발행 2024년 7월 1일

**ISBN**
979-11-976795-8-2

**가격**
12,000원

**펴낸곳**
아인스튜디오
서울시 마포구 서교동 483-9 지층 좌측 아인
070-8667-0033
ain-studio@naver.com

잘못된 책은 구입처나 본사에서 교환해드립니다.
이 책에 실린 모든 글은 지은이의 동의 없이 무단전재와 복제, 변형을 금합니다.

©2024 ainstudio. All right reserved.